인간의 가장 훌륭한 이상은 미덕의 표본이 되는 게 아니다.
그저 다정하고 호감을 주며, 분별력 있는 사람이 되는 것이다.
린위탕

당신이 어떤 사람을 끌어당길지는
당신이 원하는 것이 무엇이냐에 따라서 결정되는 것이 아니다.
당신이 어떤 사람이냐에 따라서 결정된다.

존 맥스웰

내 안에 빛이 있으면 스스로 밖이 빛나는 법이다.
가장 중요한 것은 나의 내부에서
빛이 꺼지지 않도록 노력하는 일이다.

알버트 슈바이츠

인간을 잘 이해하는 방법은 한 가지밖에 없다.
그들을 판단하는 데 결코 서두르지 않는 것이다.
생트 뵈브

午夜時分的心理課 by 黃揚名
Copyright © 2022 Business Weekly Publications,a division of Cité Publishing Ltd.
All rights reserved.
The Korean Language translation © 2023 DAVINCIHOUSE Co.,LTD.
The Korean translation rights arranged with Business Weekly Publications, a division of Cité
Publishing Ltd. through EntersKorea Co.,Ltd.

이 책의 한국어판 저작권은 ㈜엔터스코리아를 통한 대만 Business Weekly Publications, a division
of Cité Publishing Ltd. 와의 계약으로 ㈜ 다빈치하우스가 소유합니다.
저작권법에 의하여 한국 내에서 보호를 받는 저작물이므로 무단전재와 무단복제를 금합니다.

한밤중의
심리학 수업

한밤중의 심리학 수업

펴낸날 2023년 4월 10일 1판 1쇄

지은이_황양밍
옮긴이_이영주
펴낸이_김영선
편집주간_이교숙
교정교열_정아영, 나지원, 이라야
경영지원_최은정
디자인_바이텍스트
마케팅_신용천

펴낸곳 (주)다빈치하우스-미디어숲
주소 경기도 고양시 일산서구 고양대로632번길 60, 207호
전화 (02) 323-7234
팩스 (02) 323-0253
홈페이지 www.mfbook.co.kr
이메일 dhhard@naver.com (원고투고)
출판등록번호 제 2-2767호

값 17,300원
ISBN 979-11-5874-184-6 (03180)

한밤중의
심리학 수업

황양밍 지음 · 이영주 옮김

**행복한 나를
만드는
32가지
심리 법칙**

미디어숲

실생활에서 든든히 써먹는
심리학 이론

책의 저자인 황양밍 박사는 항상 '실생활에서 어떻게 더 쉽고 재미있게 심리학 지식을 적용할 수 있을까?' 궁리해 온 인물이다. 이는 참으로 번거롭고 힘든 일임에도 그는 늘 즐거운 마음으로 꾸준히 추진해왔고 그 덕에 이제는 눈에 띄는 성과도 거두고 있다.

이 책은 재미와 유용함을 동시에 갖췄다. 심리학을 잘 모르는 독자도 가볍게 읽을 수 있도록 이해하기 쉽게 쓰여 있다. 또한 주제마다 심리학 이론을 소개하는 한편, 그것을 뒷받침해주는 연구도 소개하고 있다. 그래서인지 각각의 주제마다 상당히 강한 논점들을 다루고 있는 느낌도 든다. 또한 독자들에게 심리학 이론을 생활 속 각각의 주제로 끌어들여 곱씹어보고 응용하도록 인도하고 있다. 특히 마무리에 슬쩍 던져 놓은 '한밤의 조언'은 짧은 글귀로 매 주제의 요점을 파악할 수 있게 해놓아 무척 유용하다.

과거에 내가 심리학을 공부할 때 스승님께서는 '연구 결과와 사람들의 상식이 불일치한다는 건 그 연구가 그만큼 가치가 있다는 뜻'이라고 짚어주셨다. 이 책도 과학적인 심리학 논점과 일반 대중의 상식이 서로 다르다는 점을 잊지 않고 짚어줌으로써 상당히 풍부한 정보를 전달해주는 동시에, 독자들이 잘못 알고 있는 '암묵적인 심리학 이론'의 오류를 바로잡아주는 데도 일조하고 있다.

책을 읽으며 상당히 인상 깊었던 내용을 정리해 보자면 다음과 같다.

첫째, 자아 찾기 부분에서 저자는 처음부터 인생의 포부를 명확히 세우기보다는 열린 마음으로 여러 분야에서 다양한 체험을 하며 차츰 자신의 목표를 찾으라고 권한다. 이와 관련해서는 이미 고인이 된 스티브 잡스도 다음과 같이 지적한 바 있다.

"여러분은 앞을 내다보고 있을 때는 그 점들을 연결할 수 없습니다. 뒤로 돌아보았을 때만 그 점들을 연결할 수 있습니다. 그러므로 당신의 미래에 언젠가는 이 점들이 연결될 수 있을 것이라고 믿어야 합니다."

"You can't connect the dots looking forward; you can only connect them looking backwards. So you have to trust that the dots will somehow connect in your future."

물론 인생의 포부를 이루기 위해서는 자신감, 능력, 의지, 용기, 인간관계, 감사하는 마음, 봉사, 행운 등과 같은 특질이나 조건도 필요하다.

둘째, 감정적인 곤경에서 벗어나는 방법과 관련해 저자는 직접 대응하는 방식은 권하지 않는다. 부정적인 자극에 직면했을 때 곧바로 대응하는 것은 좋은 방법이 아니다. 저자는 자극을 받아 부정적인 감정이 강하게 일면 오히려 주의력을 다른 데로 돌리는 편이 정면으로 맞서는 것보다 낫다고 지적한다. 일단은 부정적인 감정의 강도가 약해질 때까지 다른 일을 하며 관심을 다른 데로 돌리는 것이 좋다. 상황이 나아지기 시작하면 다시 정면 대응을 시도하는 게 비교적 유리하다고 말한다.

셋째, 직장 내 생존법과 관련해 저자는 '적극적인 불계'라는 개념을 제시했다. 이는 본문에 자세히 이야기하겠지만, 요약하자면 자신에게 결정권이 있는 부분은 최선을 다해 잘 해내되, 자신에게 결정권이 없는 부분은 그냥 내버려 두는 지혜를 발휘하라는 의미다. 그런데 자신이 바꿀 수 없는 부분 때문에 부정적인 감정이 일 수 있는데, 이에 대해서는 어떻게 대처해야 할까?

나는 이때는 『금강경』에 나온 '불취어상, 여여부동不取於相, 如如不動'의 태도를 견지해야 한다고 생각한다. 자신의 생각과 감정이 외부 환경에 영향을 받아 곤란함을 겪지 않도록 해야만 자유로워질 수 있는 것이다.

넷째, 애정 문제와 관련해 저자는 온전히 이성만 가지고는 해결할 수 없을뿐더러 때로는 감성적인 면을 동원해야 할 때도 있다고 지적한다. 사람들이 애정 문제에서는 감정에 휘둘려 이성적인 판단력이 흐려지면 안 된다고 생각하는 것과는 제법 결이 다르다. 뇌과학 연구에서는 연인이 상대방의 사진을 보면 감정 처리에 관한 대뇌 부분이 활성화하는 것으로 나타났다. 대뇌에서 감성을 처리하는 부분이 비교적 덜 활성화되는 사람은 대뇌의 반응이 활발한 이들보다 더 쉽게 연인과 헤어지는 것으로 나타난다는 것이다. 이것만 봐도 사랑은 생리^{生理} 반응으로 이루어지는 것이다. 그러므로 사랑이란 감정은 저자의 말대로 이성만 가지고 평가하거나 결정을 내릴 수 없는 것이다.

마지막으로 이 책을 읽을 독자들에게 제안하고 싶은 게 있다.

첫째, 정독하며 주제마다 제시된 심리학 개념과 응용 방법을 익혀주기 바란다.
둘째, 자신의 상태를 점검해 보고 어떻게 하면 책에 있는 개념을 자신에게 더 잘 적용할 수 있는지 생각해 보자.
셋째, 만약 활용 방법이 떠올랐다면, 심리학 이론과 함께 새롭게 거듭날 내가 되기 위해 계획을 세우고, 실천하고, 얼마나 효과를 거두었는지 자주 점검해 보자. 즉, 자신의 현재 모습과 목표로 정한 모습이 얼마나 가까워졌는지 확인해 보아야 한다.

넷째, 다시 계획을 세우고 앞서 제시한 과정을 반복적으로 실천해 보자.

이와 같은 과정을 거치고 나면, 단순히 책만 읽은 게 아니라 실천적인 삶을 통해 더 행복한 미래로 나아갈 수 있을 것이다. 그러니 독자 여러분, 심리학에는 인간의 삶이 투영되어 있으니 모두 함께 부지런히 배웠으면 좋겠다!

중국문화대학 심리지도학과 교수
치우파중

이 책을 읽는 즉시,

당신은 더 나은 선택을 할 수 있게 될 것이다!

심리학이 어떻게 사람들을 도와줄 수 있는지 묻는다면, 나는 황양밍 교수가 각종 플랫폼에서 공유해주고 있는 게시물부터 읽어보라고 권하고 싶다. 교양부터 감정조절까지, 또 어떻게 효율적으로 생활할 수 있는가까지, 이 모든 문제의 해답을 그의 저서에서 찾을 수 있다. 심리학은 우리에게 '선택의 폭'을 넓힐 수 있도록 도와주는 학문이기 때문이다.

그렇다, '선택!' 이 책을 읽고 머릿속에서 가장 먼저 떠오른 단어는 바로 '선택'이었다. 또한 이 책을 읽고 나면 마치 인생의 참고서 같다는 생각이 든다. 자아 찾기, 인간관계, 직장 생활 적응,

그리고 감정까지. 살면서 부딪히는 수많은 문제에 대한 답을 이 책 속에서 언급하는 심리학 지식을 통해 찾을 수 있다. 이 지식들은 우리에게 더 많은 것을 허락하는 자유를 주고, 고정된 사고의 틀에서 벗어나게 해주는 해방감까지 느끼게 해준다. 이는 소확행만으로도 충분히 행복한 자신의 소박한 삶을 응원해주는 박수 소리 같기도 하다.

이 책의 첫 번째 챕터에서 다루고 있는 내용만 봐도 그렇다.

"사람은 저마다 자신에게 맞는 게 있다. 자신이 잘하지 못하는 걸 후천적인 노력을 기울여 할 수 있게 하기보다 자신이 타고난 천명天命을 찾아 그것을 제대로 발휘하는 데 시간을 써야 한다."

이 문장은 임상심리사이자 부모로서 내게는 많은 걸 느끼게 해주는 문장이었다. 학생들은 상급학교로 진학하기 위해서 자신이 못하는 과목의 성적을 올려야 한다. 그런데 '수학을 못 하면 다 망친 것'이란 말처럼 특정 과목만 중시되는 게 현실이다. 그래서 많은 학생이 잘하지 못하는 몇몇 과목 때문에 아예 학습에 흥미를 잃거나, 자신의 강점을 발휘하는 걸 등한시하게 된다. 자기효능감을 높여야 학습 동기도 따라오는데 말이다. 그래서 성인 중 상당수가 학창 시절에 겪은 좌절감을 안은 채 성장해 자신에 대해 부정적인 삶을 살게 되기도 한다.

그럼에도 불구하고 이들이 어려움에 맞닥뜨렸을 때 제대로 된 방법을 찾기만 한다면, 멀리 돌아가는 수고로움도 덜고 좌절감도 덜 쌓이게 할 수 있다. 하지만 모든 사람이 심리상담실에서 자신의 마음의 소리를 듣고, 마음속에 담긴 곤혹스러움을 찾아낼 기회를 얻는 건 아니다. 많은 사람이 거쳐온 삶의 경험을 자기 안에서 우려내고, 책을 통한 변화를 꾀하고, 자신과 마주할수 있다면 잘못된 생각이나 어려움은 극복할 수 있다.

생명이 있는 것에는 다 나름의 고충이 있다. 그래서 나는 개인에게 부여된 최대 축복은 무사안일한 삶이 아니라 어떤 어려움이 닥쳐도 가장 적합한 방법을 찾아내 극복할 줄 아는 것이며, 모든 마음의 상처를 치료할 기회를 얻게 되는 것이라고 생각한다. 그리고 그 기회는 바로 이 책을 통해 찾아낼 수 있음을 믿어 의심치 않는다.

임상심리사 쩡신이

먼저 자기 자신에게 진실해야 한다.
자신이 진실하지 않고
남이 자신에게 진실하길 바라는가.

셰익스피어

차례

☾ Section 1.

나와 다른 타인의 삶과 어우르기
_자유롭게 살며 감정에 휘둘리지 않는 삶

☾ Section 2.

일터에서 마모되지 않기
_마음 편히 여유롭게 지내며 들들 볶이지 않는 삶

고요한 밤,
소곤대는 우리 이야기 들어볼래요?

고등학생 시절, 나는 늘 라디오를 청취하며 밤늦게까지 공부하곤 했다. 한밤을 가득 채우는 나지막한 목소리의 진행자와 함께 시간을 보내는 게 너무나도 좋았다. 청취자들의 마음속 이야기를 공유해주는 게 무엇보다 좋았다. 워낙 내가 많은 사람과 무언가를 나누는 걸 좋아하는 사람이라 그런지 몰라도, 그때의 나는 프로그램을 진행하며 다양한 사람을 알아간다는 건 정말 멋진 일이라는 느낌을 받았다.

대학에서 지도 교수로 일을 하는 것도 뭐든 다른 사람과 공유하려는 나의 고질병적인 부분을 어느 정도 만족시켜주고 있다.

학생들이 각양각색의 난제들을 안고 나에게 와주기 때문이다. 어떤 때는 그들에게 제대로 된 해답을 제시해주지 못해 답답한 마음이 들기도 하지만, 그래도 그들과 함께 이야기를 나눌 수 있다는 건 매우 에너지 넘치는 일이다.

2년 전, 비록 그토록 바라던 라디오 진행자는 되지 못했지만, 팟캐스트^{Podcast} 붐이 인 덕분에 나는 운명처럼 나만의 프로그램을 만들기 시작했고, 덕분에 기회가 닿아 「라이샤오 도파민^{來勺多巴胺}」이라는 팟캐스트의 메인 진행자가 되었다. 이 책은 원래 이 팟캐스트를 위해 준비한 내용이었다. 당시 나는 사람들이 내 프로그램을 통해 실생활에서 직면하게 되는 여러 어려움을 해결할 방법을 찾기를 바랐다.

프로그램을 준비하는 과정은 매우 즐거웠다. 그리고 정말 감사하게도 친구들이 좋은 아이디어를 많이 제공해주었다. 그 덕분에 특이한 주제도 소개할 수 있었으며, 특히 '둔감력' 같은 경우는 개인적으로 정말 재미있게 풀어낸 내용이다. 팟캐스트에서는 특별히 주제별로 나누어 방송하지 않았지만 정리를 마치고 보니, '나와 다른 타인의 삶과 어우르기, 일터에서 마모되지 않기, 일상에서 감정에 맞춰 춤추기, 있는 그대로의 '나'를 바라보기' 대략 이렇게 4개의 주제로 나눌 수 있었다.

이 책에서는 심리학 수업 전통에 따라 주제마다 '심리학 연구'라는 내용을 삽입해 여러분에게 과학적 지식을 제공하였다. 그리고 모두가 자신의 인생에 대해 곰곰이 생각해 볼 수 있도록 질문을 던져 놓았다. 이 밖에도 주제마다 '한밤의 조언' 코너를 넣었다.

독자 여러분에게 용기를 불어넣어 주고 자기 삶의 맹점을 볼 수 있기를 바라는 저자의 뜻이 잘 전달되기를 바란다.

저자 홍냥밍

나와 다른
타인의 삶과
어우르기

—— 자유롭게 살며
감정에 휘둘리지 않는 삶

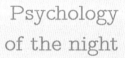

"인간관계가 정말 귀찮은데, 무시하고 살아도 될까요?"
"부정적인 감정으로부터 영향을 받지 않을 수는 없을까요?"
"왜 타인의 잘못에 포용적인 자세를 지녀야 하나요?"

머릿속을 채운 온갖 잡다한 것을 내려놓고 감정에 좌우되지 않는다면, 당신은 감정의 주인이 될 수 있습니다.

부정적인 감정은
어떻게 하면 누그러뜨릴 수 있을까?

　얼마 전에 미국 드라마 시리즈 「더 체어The Chair」를 봤다. 미국 대학의 어느 교수가 겪는 인생의 단맛과 쓴맛을 그려낸 수작이다.

　여느 직장인들이 겪듯이 직장과 가정에서 늘 크고 작은 일들이 연달아 터진다. 직장에서는 상사의 부당한 요구에 따라야 하고, 퇴근 후 집에 돌아와서는 짜증 나는 일들이 기다린다. 드라마는 그저 '오늘 하루도 무사히'라는 말의 일상을 보여준다. 그 중에서도 가장 인상 깊었던 장면은 자신의 의지와 상관없이 연달아 터지는 일 때문에 참다못한 주인공이 자신의 집 화장실에서 대성통곡한 후, 눈물을 닦았지만 가족들은 그녀가 울었다는 걸 바로 알아차린다. 그때 입양한 딸이 뛰어가 엄마를 힘껏 안아주자, 그 순간 그녀의 얼굴에는 행복한 미소가 번진다.

이 장면이 유독 눈에 들어온 이유는 내가 힘들었을 때 우리 집 둘째가 드라마 속 딸과 똑같이 뛰어와 안아주었기 때문이다. 그때 둘째는 내 귓가에 대고 이렇게 말해줬다.

"아빠, 아빠가 최고예요. 사랑해요!"

둘째의 위로는 당시 내가 당면한 어려움을 직접적으로 해결해 줄 수는 없었지만, 그 안에 든 마법의 힘 덕분에 계속 도전하며 살아갈 수 있었다.

부정적인 감정이 발생하는 이유

부정적인 감정은 어떻게 생기는 걸까? 「더 체어」의 주인공인 교수의 경우는 일과 가정에서 연달아 일이 터지자 결국에는 감당하지 못하고 부정적인 감정들에 휩싸인다. 하지만 이와 비슷한 일을 겪었다고 해서 모든 사람이 우울과 불안에 매몰되는 것은 아니다. 대체 어떤 차이일까? 부정적인 감정에 휩싸이지 않는 사람들은 아마도 '감당하기 벅찬 상황까지 내몰리지 않고 어느 정도는 참을만한 수준이었기 때문'이라고 생각할 수도 있다. 매우 합리적인 대답이다. 그런데 정말 그래서일까?

회사 동료와 협업했는데 일을 제대로 처리하지 못해 둘 다 상사에게 욕을 먹었다면, 그 순간 자신과 동료가 똑같은 기분일까? 동료는 별것 아니라고 생각하는데 자신만 감정적으로 힘들다면? 아니면 반대로 자신은 아무렇지도 않은데 동료가 기분 나빠 한다면?

사람들은 안 좋은 일을 당했기 때문에 부정적인 감정이 생기고, 그래서 어쩔 수 없이 괴로운 감정이 생긴다고 잘못 생각하는 경향이 있다. 물론 가족이 세상을 떠났거나, 갑자기 실직하면 순식간에 부정적인 감정에 휩싸이는 건 맞다. 하지만 자신이 느끼는 감정과 자신에게 맞닥뜨린 사건의 강도가 반드시 정비례하는 건 아니다. 다시 말해, 감정의 강도와 사건의 강도가 늘 연관성을 지니는 건 아니라는 것이다.

과거의 경험도 부정적인 감정 벗어나기에 크게 영향을 미칠 수 있다. 옛날에 실패한 후 그때의 뼈아픈 경험을 양분 삼아 노력하고 성장해 더 좋은 일을 하게 되었다고 해 보자. 그렇다면 훗날 또 실패했을 때 자아부정自我否定의 소용돌이로 휩쓸려 들어가지는 않을 것이다. 오히려 실패는 무조건 나쁜 게 아니고 그 안에서 교훈을 얻으면 외려 실패할 때마다 성장의 기회를 얻는 것이라며 자신을 다독이고 설득할 것이다. 그렇기 때문에 부정적인 감정에 맞닥뜨렸다고 해서 누구나 다 그 감정을 순순히 따르는 건 아니다. 사실 **우리는 제 발로 부정적인 감정의 소용돌이에 빠져들 것인지 말지를 결정할 주도권을 쥐고 있다. 그리고 설령 수렁에 빠졌다 하더라도 어떻게 빠져나올지 스스로 결정할 수 있다.**

부정적인 감정에서 잠시 도망치기

많은 사람이 감정이란 건 '발생해야' 맞설 수 있는 게 아니냐고 생각한다. 사실은 그렇지 않다. 감정은 '발생하기 전, 발생한 순간, 발생한 후'로 나누어 여러 가지 방식으로 대응할 수 있다.

우선 감정이 '발생하기 전'이다. 이때는 이상한 낌새 같은 걸 느낄 수 있다. 아마도 '아직 감정이 생기기도 전인데 대체 뭘 할 수 있느냐'며 의아할 것이다. 그렇다면 친구들과의 모임 약속이 잡혔는데 싫어하는 사람도 온다는 걸 알게 되어 가지 않기로 했다고 가정해 보자. 이 같은 결정을 내렸는데도 과연 부정적인 감정이 생겼을까? 적어도 부정적인 감정이 강렬하게 일지는 않을 것이다.

보통 이렇게 미리 회피하는 대응법은 일반적으로는 추천하지 않는다. 하지만 어떤 일 때문에 격렬한 감정 변화가 일 것을 미리 알게 되었다면 회피가 무조건 나쁜 방법은 아니다. 이는 심리학 연구를 통해서도 증명된 사실이다. 관련 연구에서는 과한 감정 변화를 유발하는 사건이 일어났을 때 당사자가 그것을 무시하는 선택을 하면, 오히려 심신에 유익한 것으로 나타났다. 또한 우울증 경향이 있는 사람은 부정적인 감정을 유발할 수 있는 사건과 직면하면 더 적극적으로 회피해야 하며, 이 같은 선택이 당사자에게 도움이 된다.

그런데 한 가지 짚고 넘어가야 할 게 있다. 앞서 언급한 회피는 일시적으로 피하고 넘어가는 것이지 아예 해결하지 않을 생각으로 깡그리 무시하고 넘어가라는 뜻은 아니다.

잠깐의 회피 방법은 여러모로 도움이 된다. 그중에서도 감정을 불러일으키는 사건들은 초반에 가장 강력하게 영향력을 발휘하는데, 이 순간을 넘기는 데 가장 도움이 된다. 예를 들자면, 남자친구로부터 결별 통보를 들었어도 그 자리에서는 그냥 쓱 흘겨보는 선에서 그쳐보는 것이다. 그렇게 하고 나서 한참 후에 되돌아보면, 감정 변화가 그다지 심하게 일지는 않는 게 느껴질 것이다.

또한 감정 변화에 곧바로 반응하지 않은 상태에서 자신에게 일어난 일을 어떻게 대해야 할지 생각해 볼 시간이 주어진다면, 빠른 해결책도 찾을 수 있을 것이다.

나쁜 감정은 약해졌을 때 다시 대응하라

전통적인 관점에서는, 부정적인 감정이 일면 절대 피하지 말아야 하며 대신 안 좋은 감정을 최대한 누그러뜨려야 한다고 조언한다. 하지만 연구가 거듭될수록 적극적으로 대처하는 전통적인 방식이 모든 상황에서 반드시 최선의 대응책은 아닌 것으로 드러났다.

이를테면 감정의 강도가 매우 강할 때는 정면으로 맞서기보다는 일단 회피하고 감정의 강도가 약해졌을 때 다시 상대하는 게 더 나은 방법으로 나타났다. 일련의 재평가(Reappraisal)에서도 이처럼 대응했을 때 부정적인 감정이 비교적 긍정적으로 바뀐 사실이 재차 확인되었다.

하지만 긍정적인 감정이 생겼다고 해서 부정적인 감정이 반드시 사라진다는 의미는 아니다. 근래 명상이 유행하면서 현재의 감정을 있는 그대로 받아들여 그것을 느끼고 체험해 보는 사람이 늘고 있는데, 이 역시 감정을 조절하는 데 도움이 되는 방법 가운데 하나이다.

도저히 기분이 풀어지지 않을 때 할 수 있는 몇 가지 방편들

사람들은 기분이 나쁠 때 친구에게 속마음을 털어놓고 싶어 한다. 그렇다면 왜 이 방법이 기분을 푸는 데 효과적일까? 주요인을 꼽자면, 다른 사람에게 마음을 터놓고 이야기하려면 먼저 말하려는 사건을 머릿속에서 정리해야 하기 때문이다. 만약 친구에게 "나 지금 너무 힘들어."라고만 말하면 상대방은 당신이 대체 무슨 뜻으로 그런 말을 하는지 이해하지 못한다. 따라서 속마음을 털어놓으려면 자신에게 일어난 일을 정리해 볼 수밖에 없는데, 한편으로는 자신의 주관이 개입되어 편파적일 수는 있어도, 어찌 되었든 말하는 당사자는 사건에 대해 한 차례 정리해 보는 기회를 갖게 되는 것이다.

이러한 과정은 당시에 느낀 감정의 경험을 '이성적'으로 정리하는 데 도움이 된다. 그리고 이때의 경험 자체는 자신을 불편하게 만든 감정 반응과는 별개라 할 수 있다. 따라서 이와 같은 방법으로 당시의 경험으로 인해 격해졌던 감정의 강도를 낮추고, 부정적인 감정이 자신에게 미치는 영향을 줄일 수 있다.

이 밖에도 친구에게 속마음을 터놓고 이야기하면, 친구의 조언을 통해 사건에 대해 새롭게 평가해 볼 수 있다. 또한 친구가 자신과 비슷한 경험을 했다면 그것을 공유받을 수도 있다.

그런데 주위에 마음을 터놓고 이야기를 나눌 대상이 없거나 부끄럼을 잘 타는 성격이라면, 남에게 속마음을 털어놓는 게 어려울 수 있다. 그럴 때는 온라인 익명 게시판을 활용해 보는 것도 좋은 방법이다. 익명 게시판 또한 경계심을 풀고 다른 사람에게 자신의 속마음을 터놓고 이야기할 수 있으니 친구에게 털어

놓는 것과 똑같은 효과를 거둘 수 있다.

기분이 나쁠 때 자신이 좋아하는 일을 하며 푸는 사람들도 있다. 이것은 마음을 분산시키는 방법이다. 원래는 부정적인 감정이 인 순간 마음을 분산시켜야 제대로 효과를 볼 수 있지만, 그이후에라도 마음을 분산시키려 노력하면 안 좋은 감정에 계속해서 영향받는 건 피할 수 있다.

그림 그리기를 매우 좋아하는 친구가 있다. 그는 기분이 안 좋을 때면 어떻게든 소묘에 몰두하려 노력하는데, 감정을 다스리는 데 매우 효과적이라는 것이다. 감정의 강도에 따라 다른 유형의 그림을 그린다. 기분이 매우 안 좋을 때는 복잡한 것을, 마음이 살짝 언짢은 정도면 간단한 것을 그린다. 이 친구가 이용한 감정 다루기 원리는 주의를 딴 데로 돌려 기분을 상하게 하는 일을 더는 생각하지 않는 것이다. 이 역시 감정을 분산시키는 방법 가운데 하나이다.

어떤 이들은 감정이 상했을 때 폭식하거나 잠을 잔다. 이는 일시적으로는 매우 좋은 방법이다. 인간이 음식을 찾는 건 본능이며 단 음식을 먹으면 에너지가 빠르게 보충되어 행복감을 준다. 그래서 사람이 단 음식을 먹으면 과연 행복감을 느끼는지를 알아본 연구 결과 매우 긍정적으로 나타났다.

또 어떤 이들은 부정적인 감정이 일었을 때 운동을 하는 것으로 기분을 푼다. 이 역시 괜찮은 방법이다. 운동은 주의를 다른 곳으로 돌리는 데 도움이 될 뿐만 아니라 기분을 좋게 해주는 신경 전달 물질의 분비도 촉진된다. 즉, 몸 관리를 잘하면 감정 변화에 제때 대응하는 데 많은 도움이 된다.

하지만 절대 하지 말아야 할 것은 SNS에 자신의 감정을 공유하는 것이다. 자신의 감정을 SNS에 올려 공유하면, 이는 곧 만인에게 알리는 것과 마찬가지다. 만약에 기록으로 남겨두고 싶어서 SNS에 글을 올리는 거라면, 소수의 아주 친한 친구들만 볼 수 있도록 하고 불특정 다수에게 자신의 심경 글은 가급적 노출하지 않는 게 좋다. 그리고 다른 사람에게 공감받고 싶고 응원받고 싶어서 글을 올리는 거라면, 어떤 일을 겪었는지 주저리주저리 나열하지 말고 간단하게 적어보자. 안 좋은 감정에서 벗어나는데 훨씬 효과적이다.

"요즘 들어 기분이 많이 안 좋아요. 여러분, 제게 긍정의 힘을 좀 나눠주시지 않을래요?"

부정적인 감정은 정말로 안 좋은 걸까? 꼭 그렇지만은 않다. 감정은 생존에 필요한 부속품이다. 사람은 행복이라는 감정을 느껴봐야 목표를 위해 계속 노력한다. 마찬가지로 힘들고 괴로운 감정도 느껴봐야 발전하기 위해 자신의 상태를 조율한다.

따라서 이와 같은 생각으로 부정적인 감정을 대한다면, 어쩌면 그 감정이 그리 싫지만은 않을 것이며, 인생에 깨달음을 주는 계기로 작용할 수 있다. 부정적인 감정이 일었다는 건 지금 진행하고 있는 방법이 자신에게 버거운 일이고, 잘못된 방식임을 일깨워주는 것이다. 그렇다면 그와 같은 느낌이 들었을 때 먼저 어떻게 해결할 것인지 생각한 후 대응하면 그걸로 된 것이다.

부정적인 감정이 존재한다는 사실에 감사해야 한다. 빛과 그림자처럼 부정적인 감정이 있기에 긍정적인 감정의 아름다운 면이 두드러지기 때문이다.

둔한 감각을 '미련하다'고만
표현하지 마세요

어느 날, 잠자리에 들려고 하는데 아내가 『기계식 부부 생활: 뇌과학 전문가의 배우자 사용 설명서』란 책을 건넸다. 나는 제목을 쓱 훑어보고는 웃으며 아내에게 물었다.

"나보고 지금 이 책을 읽어보라는 거야, 아니면 나도 이런 책을 집필해야 한다는 뜻이야?"

"이 장을 좀 읽어봐 주었으면 좋겠어. '남편의 둔감력鈍感力-보이지 않는 임무'란 부분. 책에서 언급한 결론부터 말하자면, 무딘 남편 때문에 아내들은 속으로 상처받지 말래. 전 세계 남편들 중 거의 대부분이 둔감력의 소유자니까."

"이런! 어제 나보고 무디다고 한소리 냈었잖아. 그럼 그때 한

말의 진짜 뜻은, 나한테 미안하다는 소리가 듣고 싶었던 거네?"

아내는 내 반응을 예상하지 못했는지 아까보다 톤이 올라간 목소리로 받아쳤다.

"그렇게 생각해?"

평소 내가 잘못을 저지르거나 말실수를 했을 때 아내는 목소리 톤이 올라간 격앙된 어조로 말하곤 했다. 그럴 때 내가 해야 할 일은 서둘러 미안하다고 말한 후 애교를 부리며 상황을 모면하는 것이다. 나는 얼른 아내에게 답했다.

"그건 아닌 거 같고, 남자는 원래 둔감하니까 진지하게 반성해야 한다는 뜻으로 한 말 같아용~."

말을 마치고 아내의 입가를 보니, 아내가 웃음을 참지 못하고 입술이 씰룩대고 있었다. 나는 그제야 내 짐작이 맞았다는 생각과 함께 안도의 한숨을 내쉬었다.

나는 그날 이후로 둔감한 게 좋은 건지 나쁜 건지 계속 생각해보았다. 여러 사람이 모인 자리에서 둔감한 사람은 상대방이 겉으로 드러내지 않은 생각을 제때 눈치채지 못할 테니 분명 어느 정도는 손해를 볼 것이다. 업무에서도 마찬가지다. 자신의 근무 평점이 하락 중인 상황이라면, 눈치가 빠른 사람은 그에 따른 대책도 일찌감치 세워 업무 성과를 올리려 노력하겠지만, 둔감한 사람이라면, 선기를 잡을 수조차 없으니 좋은 기회를 번번이 놓칠 수 있다.

민감하지 않은 것도 능력이라면, 이는 '둔감력'이다

둔감하면 안 좋은 점이 많다고들 하는데 정말로 장점은 없는 걸까? 그렇지 않다. 일본의 유명 소설가 와타나베 준이치는 저서 『둔감력鈍感力』에서 둔감한 것도 장점이 될 수 있다고 강조한다.

그렇다면 둔감력이란 무엇일까? 글자 그대로 해석하면, '감수성이 무딘 것'으로 받아들일 수 있다. 기억에 관한 능력을 기억력이라고 하고, 의지와 끈기를 발휘하는 걸 의지력이라고 하는 것처럼 말이다. 그러므로 둔감력을 '감수성이 무딘 것' 정도로 해석하는 것도 나쁘지는 않다.

하지만 와타나베 준이치가 정의한 둔감력은 더 폭넓은 의미를 담고 있다. 그는 둔감하다는 걸 민감한 것과 상대되는 개념으로 인식한다.

둔감력은 평소에 잘 접할 수 없는 단어이다. 심리학을 하고 있는 나도 관련 연구에서 둔감력이란 단어를 들어본 적이 없다. 그래서 일본어를 모르는 나는 둔감력의 영문 번역 표현을 통해 그것의 답을 찾아보았다. 『둔감력鈍感力』의 영문 번역문 제목은

『The Power of Insensitivity』였고, 직역하면 '민감하지 않다'라고 표현할 수 있다. '민감하지 않다'는 관점에서 둔감력을 해석하면, 와타나베 준이치가 내놓은 해석과 완전히 일치하지는 않는다.

스트레스가 높은 현대사회에서 두각을 나타내는 둔감력

둔감한 것에 비해 민감한 것과 관련한 연구는 비교적 많은 편이다. 매우 민감한 사람은 일반적으로 신경질 지수가 높다. 그리

💡 더 쓸모 있는 심리학 연구

민감하지 않은 성격

'Insensitivity personality'를 검색해 보니 네덜란드 연구원인 더크 반 캄펜Dirk van Kampen의 연구를 찾을 수 있었다. 그는 아이젠크Eysenck의 '인격의 세 가지 차원'을 'Extroversion(외향성), Neuroticism(신경증적 경향성), Psychoticism(정신병적 경향성)' 외에 다른 속성인 Insensitivity까지 확장시켜 놓았다.

그런데 더크 반 캄펜이 해석한 Insensitivity는 상당히 부정적인 인격 특질이다. 개인이 자신의 기분만 신경을 쓰고 '다른 사람의 기분은 신경 쓰지 않는 걸 의미'하기 때문이다. 그래서 Insensitivity라는 특질과 이타적 행위는 역상관逆相關 관계에 있으며, 반대로 충동, 권력, 악의, 반사회적 인격 등과는 상관관계를 보인다.

고 모든 연구에서 신경질적인 정도가 심한 사람은 쉽게 우울해
지고 초조해지며, 부정적인 감정에 쉽게 영향을 받는 것으로 나
타났다. 또한 많이 민감한 사람은 감수성이 예민해 가끔은 스스
로 곤란에 빠지기도 한다. 이를테면 타인의 행위 때문에 자신이
일하는 데 영향을 받는다고 느낀다. 이런 경우에는 아무리 상대
방을 비난해도 상대방은 자신이 고의로 시끄럽게 한 게 아니라
고 생각하기 때문에 민감한 쪽만 뜬금없는 행동을 한 것밖에 되
지 않는다.

　이러한 관점에서 보면, 둔감하다는 게 제법 괜찮은 것처럼 보
인다. 둔감한 사람은 외부 세계에 대해 감수성이 떨어져 누가 스
트레스를 주든, 남이 무어라 욕을 하든 무덤덤하기 때문이다. 또
한 둔감한 사람은 감수성이 떨어지기 때문에 주변으로부터 영향
도 잘 받지 않는 편이다. 그래서 건강을 더 잘 유지할 수 있을 뿐
만 아니라 적극적인 태도로 삶을 대할 수 있다. 한마디로 둔감해
도 나름의 장점이 있는 것이다. 특히 스트레스가 높은 환경에서
지내야 하는 사람이라면, 오히려 더 경쟁력을 갖춘 셈이다.

　와타나베 준이치가 생각하는 둔감력은 무딘 감수성보다 '포용
력'에 더 무게중심을 두고 있다. 그래서 그는 둔감한 사람이 사
물을 대할 때 더 포용적이라고 말한다. 그리고 둔감한 사람은 어

떤 사물이 포용할 수 있는 범위를 벗어나지 않는 한 그 사물의 존재를 느낄 수 있다고 보았다.

자신에게 성격이 완전히 다른 친구가 둘 있다고 해 보자. 한 명은 어지간해서는 까다롭게 따지는 법이 없고, 상대가 약속 시간을 어겨도 많이 늦는 경우에만 살짝 격한 반응을 보이는 정도다. 한편 다른 한 명은 남이 조금이라도 자신의 심기를 거스르면 이내 기분 나빠한다. 그렇다면 이 둘 중 더 자주 어울리고 싶은 쪽은 누구인가? 대부분은 첫 번째 친구를 선택할 것이다. 이런 사람과 어울릴 때 마음이 편하기 때문이다.

나의 둔한 감각을 어떻게 써먹어야 할까?

자신이 둔감력이 강한 사람이라면, 어떻게 이 둔감력을 장점으로만 승화시켜 사회에 적응하며 살아갈 수 있을지 생각해 보자.

첫째, 강한 둔감력이 자신에게 미칠 수 있는 영향에 대해 파악해야 한다. 만약 직장에서 자신의 위치가 상사라면, 부하 직원들의 업무 태도에 이상은 없는지 좀 더 열심히 살펴봐야 하며, 이 같은 사항을 자신에게 계속 상기시켜야 한다. 그리고 포용적인 리더십으로 인해 혹 부하 직원들이 나태해지지 않도록 주의해야 한다. 만약 식상에서 사신의 위치가 부하 직원이라면, 남들이 해주는 평가를 진지하게 받아들여야 한다. 둔감한 유형의 사람은 남들이 자신에게 좋지 않은 평가를 해주면 그들에게 문제가 있는 것으로 치부하며 자신의 문제가 아니라고 여길 가능성이 크다. 하지만 상대방에게 고의로 악의적인 평가를 건네는 사람은 실제로는 얼마 되지 않는다. 대부분은 상대방이 더 잘하길 바라는 마음에 제안한 것뿐이다. 그러므로 다른 사람으로부터 이러한 제안을 받았다면, 스스로 개선 방안을 찾는 자세가 필요하다.

둘째, 평소 인간관계에서 자신이 매우 둔감한 축에 속한다면, 주변 사람들의 반응을 더 많이 살피도록 노력해야 한다. 그리고 되도록 주변 사람들에게 '나는 매우 둔감하고 덜 예민한 사람이니 여러분의 기분을 잘 못 알아차릴 수도 있다'고 말해두는 것도 좋다.

내 경험상 둔감력이 있다고 해서 무조건 나쁘지만은 않다. 어떤 사람들은 오히려 둔감한 사람과 함께 있는 걸 좋아한다. 나처럼 둔감해 감수성이 떨어지는 사람과 함께 있으면 그동안 다른 사람 때문에 불만스러웠던 점이나 안 좋았던 감정들을 털어놓기도 편하다. 이때 둔감한 사람은 상대방이 안 좋은 기분을 다 쏟아내더라도 거의 영향을 받지 않기 때문에 둘은 서로 윈윈하는 관계가 될 수도 있다.

만약 선택할 수 있다면, 많이 민감한 사람과 많이 둔감한 사람 중 어느 쪽이 되고 싶은가? 어떤 특질이든 모두 장단점이 있다. 둔감한 경우도 마찬가지다. 따라서 둔감할 때의 장점만 보고 그렇게 되는 편이 자신에게 더 좋을 것이라고 여기면 안 된다. 사실 무엇보다 자신의 특성을 먼저 이해한 후 그에 맞춰 원칙을 세워야 한다. 그래야 자신의 특질이 어떻든 삶을 여유롭게 대할 수 있다.

✦ 한밤의 조언

민감하든, 둔감하든 어느 한 극으로 치닫기보다는 적응하며 발전해 나가는 게 참된 이치다.

좋은 게 좋은 거지 식의 태도가
옳은 걸까?

오래전, 친구와 미국에 있는 차이나타운에서 식사할 때였다. 우리가 찾은 식당은 음식도 늦게 나오고 주문한 것도 빠뜨렸을 정도로 서비스가 엉망이었다. 그런데 더 중요한 건 맛조차도 형편없었다는 것이다. 그래서 우리는 팁도 주지 않고 식당을 나가려 했다. 그러자 식당 사장은 다짜고짜 우리 앞을 가로막고 훈계를 늘어놓기 시작했다. 종업원들이 임금을 너무 적게 받고 있어 우리가 팁을 주지 않으면 그들이 생계를 이어 나갈 수 없다는 것이다. 팁이란 건 원래 고객이 자주적으로 결정하는 권리로 음식이 맛있으면 많이 내고, 맛이 그저 그렇다면 적게 주거나 아예 안 줘도 되는데 왜 팁을 강요하는지 모르겠단 생각이 들었다. 그런데 대놓고 팁을 내놓으라고 말하는 걸 보아 식당 사장은 원래 안하무인 같아 보였다. 게다가 이런 사람에게 팁을 주는 걸 거부하면 우리는 영영 식당 밖으로 나가지 못할 것 같았다. 그래서 우리는 가지고 있던 잔돈을 모두 꺼내 식탁에 툭 올려놓고 서둘러 그곳에서 빠져나왔다. 그런데 위 사례의 식당 사장 같은 사람에게 '좋은 게 좋은 거지'식으로 평화적으로 대하면 서비스 질의 향상은 기대할 수가 없을 것이다.

가슴에 손을 얹고 생각해 보자. 평화적으로 보이는 게 정말 그렇게 중요할까? 사람들은 왜 사실에 근거해 시시비비를 논하지 못할까? 일을 잘못 처리했다고 진심으로 알려주는 건데, 더군다나 잘못한 사람에게 바로잡을 기회까지 주는 건데, 잘못한 걸 잘못했다고 말해주는 게 더 좋지 않을까? 다시 말해, 좋은 게 좋은 거지 식으로 나가더라도 응당 필요한 조치는 취해야 하는 것이다. 또한 싸우지 말고 평화적으로 해결하라는 말만 할 게 아니라 분위기가 험악해졌을 때 개선할 방법도 생각해 보아야 한다.

또한 요즘엔 평가란 것도 형식적으로 흐르는 경우가 많다. 다들 비슷한 경험이 있을 것이다. 적잖은 가게가 구매 후기와 평점을 좋게 주는 조건으로 고객 혜택을 내거는데, 그게 탐나 실제로는 별로라고 생각하면서도 거짓으로 좋게 평가해준 적이 있을 것이다.

누구든 부정적으로 평가받는 건 싫어한다. 하지만 나는 진심이 하나도 들어있지 않은 가짜 평가보다는 진정성이 담긴 부정적인 평가가 더 낫다고 생각한다. 사람들에게 받는 부정적 평가는 모두 내가 성장할 수 있는 기회가 되기 때문이다. 이런 이유로 나는 만족도 설문 조사를 진행할 때 더 솔직한 의견을 모으기 위해 학생들에게 익명으로 참여하게 한다. 학생들로부터 진실한 소리를 더 많이 듣기 위해서다.

남의 잘못이나 모자란 점을 어떻게 질책해야 하는가는 그야말로 어렵고도 심오한 문제다. 그렇기 때문에 남에게 부정적인 평가를 할 때는 상대방이 진심으로 탄복하게 하려면 어떻게 해야 하는지 잘 생각해 봐야 한다.

제대로 된 불평하기로 문제 해결하기

학교 졸업 후 승무원이 된 제자가 있다. 그녀는 귀국 후 후배들과 만난 자리에서 승객들로부터 받은 불합리한 요구 사항을 자신이 어떻게 처리했는지 이야기해주었다. 그녀는 항공사를 대표하는 일원이기 때문에 불법적인 게 아니면 승객들의 요구 사항은 웬만하면 들어주려 노력하는 편이라고 했다. 그리고 도무지 들어줄 수 없는 요구라면 왜 그런지 친절하게 설명하려 노력한다는 것이다.

그런데 어느 날, 라면을 달라는 요청이 워낙 많아 금세 동이 나는 바람에 한 승객의 요청에 제공하지 못하게 되었다. 그러자 그 승객은 그녀에게 버럭 화를 내며 따져 물었다.

"왜 다른 사람에게는 라면을 끓여 주면서 나한테는 끓여주지 않는 거죠?"

그녀는 그 승객을 이해시키려 열심히 설명했지만 그는 계속 화만 낼 뿐이었다. 결국 그녀는 공손한 태도로 고객 불편 사항 신고서를 꺼내 승객에게 건네며 다음과 같이 말했다.

"선생님, 번거로우시겠지만 여기에 불만 사항을 기입해주세요. 선생님께서 제기한 문제의 심각성을 제가 기꺼이 상부에 알리겠습니다. 저희 승무원들도 기내에 비치하는 라면을 더 늘려야 한다고 상부에 여러 차례 건의했지만 번번이 반영되지 않았습니다. 하지만 선생님은 고객이시니 회사 측에서도 고객님의 의견은 눈여겨볼 것입니다. 그러니 번거롭더라도 부탁드립니다."

서비스 직종에서 일하다 보면 진상 고객은 언제든 만나기 마련이다. 그런데 고객을 직접 대하는 일을 하면서 자기의 권익만 지나치게 내세우면 결국에 상처받는 건 자신이다. 그러므로 고객이 과하게 나온다고 해서 경솔하게 처리하면 절대 안 되며, 행동에 나서기 전에 어떻게 하면 품위를 지키며 처리할 수 있는지, 또는 상사에게 사전에 자문을 구해 볼 수 있는지부터 따져봐야 한다.

불평도 알맞은 때에 제대로 해야 한다

미국 클렘슨 대학Clemson University의 로빈 코왈스키Robin Kowalski 교수는 불평을 제대로 나누어 놓아야 그것이 개인에게 좋은지 나쁜지 판단할 수 있다고 보았다. 그래서 그녀는 불평을 '발산, 문제해결, 반추' 이렇게 대략 세 가지 유형으로 나누었다. 자신이 불평하는 원인을 안다면, 명확한 목표를 세울 수도 있고 불평했던 사항을 통해 기대하던 것을 더 쉽게 획득할 수도 있다.

이 밖에도 코왈스키 교수는 다른 소통 방식과 마찬가지로 불평을 할 때도 적당한 시기와 장소가 있다고 했다. 즉, '시기, 사람, 환경' 이 세 박자가 고루 맞아야 불평한 바가 최상의 효과를 거둘 수 있다는 것이다.

타인의 부주의로 인한 실수는 어디까지 포용해야 할까?

며칠 전에 하교하는 아이를 데리러 갔다가 같은 반 학부모를 만났다. 그녀는 최근에 땅콩 알레르기로 아이가 고생한 이야기를 하소연했다. 아이가 땅콩 알레르기가 있어서 땅콩만 먹으면 온몸에 두드러기가 올라오기 때문에 아이에게 땅콩을 먹지 않도록 신신당부를 하는 것은 물론, 담임선생님에게도 신경을 써달라고 부탁했다는 것이다. 그런데 지난주 급식 메뉴에 하필이면 땅콩이 조금 섞여 있었던 모양이다. 너무 소량이라 아이도 선생님도 대수롭지 않게 생각했는지 급식을 먹은 후 아이는 두드러기로 병원 치료를 받고 무척 고생했다고 한다. 그녀는 속상했지만 겨우 그 정도의 일로 선생님을 곤란하게 할 수는 없었다.

가끔 어른들의 부주의로 아이에게 사고가 발생하기도 한다. 아동이 유치원 버스를 타고 등원했다가 차에서 잠들어 사망한 사건도 그런 경우다. 교사가 겨우 알아차렸을 무렵엔 아이가 이미 밀폐된 차 안에서 사망한 후였다.

이런 경우에는 고소, 고발이란 게 무조건 나쁘기만 한 게 아니다. 오히려 상대방이 저지른 잘못을 사소한 실수로 여겨 용서하고 넘어간다면, 그것이 설령 상대방을 생각해서 내린 결정일지라도 실제로는 나중에 또 똑같은 실수를 하게 만들어 누군가를 해치게 될 수 있다.

무언가를 엄격하게 관리해 본 적이 있다면 그때를 떠올려보자. 그때 실수한 적이 거의 없었는가? 나의 경우는 '그렇다'이다. 교수가 되려면 높은 기준을 충족시켜야 해 나는 정말 많은 시간을 들여 준비했다. 또한 내가 혹시라도 실수해 비난받게 될까 봐 항상 조심하고 걱정했다.

그렇다면 학생과 교사의 관계를 고객과 판매자에 대입해 생각해 보자. 고객은 엄격하게 살피고 지적하는 입장이니 교사가 될 테고, 판매자는 가끔 실수를 저질러 지적받는 입장이니 학생이 된다.

자, 이제 '불평'이란 게 다르게 보일 것이다. 사람은 누구나 깜빡하고 실수할 수 있다. 그런데 누군가가 제기한 불평을 통해 이 깜빡해서 실수를 저지르는 버릇을 바로잡아 더 나은 내가 될 수 있다. 그러므로 불평하길 좋아하는 사람이라고 해서 꼭 부정적으로만 볼 게 아니다. 그리고 불평하더라도 이성적으로 한다면, 그건 독려할 일이다.

✦ 한밤의 조언

오늘 남의 잘못을 참고 포용해주었다면, 그것은 내일의 나에게 부담이 되어 돌아올 수도 있다.

언제 내야 할까?

당신과 친구가 같은 음료 가게에서 약간의 시차를 두고 똑같이 타피오카 펄이 든 음료를 샀다. 그런데 내 음료에 든 타피오카 펄은 겨우 5분의 1밖에 안 되고, 친구의 음료에는 무려 3분의 1이나 들어 있다. 이럴 때 자신이라면 어떻게 하겠는가? 당장 가게로 돌아가 점원에게 이 사실을 말할 것인가, 아니면 불쾌한 기분을 꾹 억누를 것인가? 또 아니면 원래 유순한 타입이어서 불만을 거의 하지 않는 편인가? 그렇다면 이제 자신을 위한 목소리는 언제 내야 하는지 이야기해 보자.

불만 사항 접수는 개선할 수 있는 유일한 기회

며칠 전에 패스트푸드점에 간 적이 있었다. 둘째는 새우 햄버거가 먹고 싶다며 신신당부했다. 주문한 햄버거가 나왔을 때 나는 개수만 확인하고 서둘러 가게를 나왔다. 그런데 귀가해 햄버거 포장지를 연 순간, 물건을 잘못 줬다는 걸 알아차렸다. 소고기 햄버거만 두 개 있고 새우 햄버거가 없었다. 나는 곧바로 둘째에게 "오늘은 그냥 소고기 햄버거로 먹을래? 싫으면 아빠가 가게에 전화해서 물건이 잘못 왔다고 어떻게 해야 하냐고 물어봐 줄까?"라고 했다. 둘째는 기분이 상해 소고기 햄버거는 안 먹겠다고 버텼다. 결국 나는 패스트푸드점에 전화하는 수밖에 없었다. 그러자 가게에서는 별문제 아니라는 듯이 이렇게 대답했다.

"고객님, 다음에 오시면 저희가 새우 햄버거를 하나 더 드릴게요."

'다음 기회'는 현재 우리에게 필요 없는 일이었다.

"다음은 괜찮으니 지금 새우 햄버거 하나만 준비해주세요. 가지러 갈게요."

매장에서는 내 요구 사항을 들어주었다. 그리고 햄버거 비용은 받지 않고 여기에 프렌치프라이까지 서비스로 얹어 주었다. 내가 이 일화를 소개한 건 고객의 불만 사항이나 불평을 제기해도 부정적인 태도로 응대하지 말라고 부탁하고 싶어서다.

패스트푸드점에서 직원이 실수로 손님의 음료수를 넘어뜨린 일이 발생했다고 해 보자. 그런데 전에 같은 일이 여러 차례 발생했는데도 고객으로부터 불만 사항이 단 한 차례도 접수되지 않았다면, 이 직원은 조심성 없는 자신의 행동을 개선하려 들지 않을지 모른다. 하지만 가게에 불만을 제기한다면, 이 직원에게는 다시는 같은 실수를 저지르지 말라는 주의가 주어질 것이다. 그러면 실수 연발이던 점원에게 서비스를 받게 되더라도 최대한 조심스러운 태도로 임할 것이다. 이처럼 불만이 제기되기는 했지만 개선이 되었다면 그야말로 잘된 일이 아닐까?

사람들은 왜 불만이 있는데도 드러내지 내지 않는 걸까?

왜 많은 사람이 불공평한 대우를 받은 게 확실할 때도 불만을 제기하지 않고 그냥 넘어가는 걸까? 나는 다음과 같은 이유 때문이라고 생각한다.

첫째, 자신의 생각이 합리적인지 확신이 없어서다. 앞서 언급한 타피오카 펄 음료의 예를 들자면, 자신이 산 음료 속 타피오카 펄이 다른 가게보다 적게 들었다고 해 보자. 이때는 적게 들었다는 생각이 들 수는 있어도 가게 특성이나 점원의 단순 실수로 이해할 수 있어 불만이 있어노 반드시 드러내야 하는 건 아니다.

둘째, 불만을 드러낸 후 불이익을 당할 수 있어서다. 회사에서 상사에게 괴롭힘을 당해도 고발하지 않는 사람이 더 많다. 그리고 학생이 교사의 가르침에 불만이 있다고 해서 과연 불만 사항을 솔직하게 말할 수 있을까? 교사는 성적 관리라는 권한을 쥐고 있다. 이런 사람에게 수치심과 분노를 안겨준다면, 그 학생이 받게 될 성적은 처참할 것이다.

여기서 반드시 짚고 넘어가고 싶은 게 있다. 누군가가 무언가를 지적하면 신경을 써야 하는 건 지적된 문제여야 한다. 그런데 많은 사람이 문제를 제기한 사람에게만 신경을 쓴다. 그래서 그 사람이 자신을 싫어해 불만 사항을 전달한 것이라고 오해해 어떻게든 기회를 봐서 복수하려 드는 것이다.

셋째, 어떻게 불만을 드러내야 할지 방식을 몰라서다. 유해 물질이 장기간 하류로 흘러 들어가 수원이 오염되었고 이 물을 식수원으로 쓰는 사람들의 암 발병률이 다른 지역에 비해 유난히 더 높아졌다. 이런 상황에서는 자신이 해를 입었다 할지라도 어떻게 책임을 물어야 할지 모를 수 있다. 자신은 분명히 피해 당사자임에도 불만을 제기해야 할지조차 확신할 수 없는 상황에 직면할 수 있다.

넷째, 누구의 탓인지 몰라서다. 외식 후 갑자기 배가 아프다. 이때는 음식이 잘못되었는지, 내가 급하게 먹어서 체했는지 아니면 다른 원인 때문인지 확실하지가 않다. 그리고 사람이 붐비는 지하철역에서 신분증을 잃어버렸을 때도 도둑을 맞은 건지 자신이 흘린 건지 모호할 수 있다.

위선자가 될 것인가, 솔직한 사람이 될 것인가?

많은 사람이 불평을 자주 하거나 불만을 토로하는 걸 좋지 않

🔅 더 쓸모 있는 심리학 연구

어떤 성격을 지닌 사람이 더 고발을 잘할까?

개인이 자신을 위해 목소리를 낼 때도 인격적인 특질이 영향을 미친다. 영국의 퍼스머스 대학University of Portsmouth의 육셀 에킨치Yuksel Ekinci 교수는 어떤 인격 특질을 지닌 사람이 판매자를 잘 고발하는지 알아보기 위해 연구를 진행했다.

연구 결과, 비교적 엄격한 사람, 자율적인 사람, 개방성이 높은 사람이 판매자를 잘 고발하는 것으로 나타났다. 하지만 애당초 많은 영향을 줄 것으로 생각되었던 개인의 '외향적인 정도'는 의외로 별 영향을 미치지 않는 것으로 나타났다. 에킨치 교수는 자율적인 사람의 경우는 충돌과 갈등을 처리하는 데는 능하고 부정한 것을 용인하려는 정도가 낮아, 고발하려는 의향이 비교적 높다고 보았다. 또한 개방성이 높은 사람의 경우는 사물을 더 탄력적으로 대해 현재의 방법에 구애받지 않고 새로운 방법을 시도하려 하기 때문에 고발할 의향이 높은 것으로 보았다.

게 여긴다. 나도 이 같은 의견은 인정한다. 불평을 자주 하는 사람은 아무래도 남들에게 반감을 사기 쉽기 때문이다.

하지만 분명 불만스러운 게 있는데도 겉으로 드러내지 않는 편이 정말로 더 나은 걸까? 평소에 남자친구에게 불만을 전혀 드러내지 않던 여자친구가 갑자기 폭발해 한꺼번에 다 쏟아낸다면, 과연 어떨까? 이렇게 하는 게 더 나쁜 결과를 가져오지 않을까?

일반적으로 사람들은 순종적인 사람에게 거부감이 덜하다. 회사에서 자신의 위치가 직원이고, 계약직 신분이라면 순종적이고, 불평하지 않는 편이 자신에게 더 유리하다. 하지만 자신의 위치가 사장이라면 또는 결정권을 쥔 사람이라면, 불만을 표시하고 의견을 내는 사람일수록 더 감싸 안아야 한다. 그런데 이때 절대 '우는 애 떡 하나 더 준다'라는 심정으로 불만을 제기한 직원을 대해서는 안 된다. 그리고 그들의 불만이 과연 합당한지, 아니면 단순히 감정적으로 대응한 건지 진지하게 따져보아야 한다.

나는 불만을 드러내는 사람을 배척하지 않는다. 그리고 남들에게 불평을 듣거나 고소당하는 걸 두려워하지도 않는다. 강의 중에 어떤 학생이 부정적인 의견을 내놓으면 겸허히 검토한다. 학생의 지적 중 어떤 부분이 합리적인지, 내가 고칠 점은 없는지 성찰해 보는 것이다. 그래서인지 학생들과의 토론 수업은 언제나 유쾌하다. 한 학생은 자신이 두 개의 토론 수업에 참여하고 있는데, 다른 교수님의 수업에서는 입도 뻥끗 못 하지만 내 수업에서는 불만이 있으면 바로바로 제기한다는 것이다.

여러분도 불만이 꼭 말해야 하는 문제라고 판단이 될 때에는 자신의 의사를 드러내길 바라며, 타인이 제기한 불만도 겸허히 받아들일 줄 아는 사람이 되기를 바란다. 또한 상대방이 자신보다 경험이 적다고 해서 그들의 제안을 무시해서도 안 된다. 사람에게는 누구나 본받을 장점이 있고, 나름의 독특한 관점도 있으므로 경험이 풍부한 사람이 항상 옳은 건 아니다.

코페르니쿠스가 '지구는 평평하다'라는 주류 지식에 도전하지 않았다면, 인류는 지금도 지구의 모양을 잘못 알고 있을지도 모르겠다. 그러므로 다른 사람이 하는 일이 무언가 잘못된 것 같고 개선의 여지가 있어 보이면, 어떻게 하면 상대에게 자신의 의견을 제대로 전달할 수 있을지 방법을 찾기를 바란다. 그리고 어떻게 하면 문제를 개선해줄 수 있을지, 그 일이 더 잘되도록 도와줄 수 있을지도 생각해 보자.

나는 부당한 일에도 순응하는 사람인가? 우리 사회에는 이런 사람이 정말 많다. 그 결과 무조건 목소리가 큰 사람의 발언권만 더 커지고 있다.

항의란 건 불만이 있을 때마다 내지르는 게 아니라 일정한 기준에 따라야 한다. 그리고 오랫동안 속에 담아 둔 걸 갑자기 폭발시키면 오히려 안 좋을 수 있다. 다른 사람 눈에는 그런 당신이 뜬금없는 행동을 한 것으로 보일 뿐이다. 그러므로 갑자기 모든 불만을 한꺼번에 터뜨릴 게 아니라 평소 적당한 때를 보아서 불만을 토로해야 한다.

또한 이성적으로 전달해야 한다. 이렇듯 진실한 태도로 사람들을 대하면 평소 아무 일도 아닌 척 항상 미소 짓는 사람보다 주변 사람들로부터 더 환영받을 것이다.

✦ 한밤의 조언

입을 꾹 닫는 것은 어쩌면 비겁한 행동이 될 수 있다. 그러므로 다른 사람이 당신의 진짜 생각을 알 수 있도록 할 말이 있으면 용감하게 하자.

서로의 감정을 잘 유지할 수 있는 비결은?

코로나 팬데믹으로 만나고 싶은 사람을 만날 수 없어 많은 사람이 답답하고 우울했을 것이다. 내가 가르치는 학생 중 유학 온 이들은 방학 때 잠시 귀국하면 학교로 돌아오지 못할 걸 염려해 2년 동안 아예 고향 집에 가지 않았다. 많은 이가 가족, 친구와의 생이별로 가슴앓이를 했다. 나 역시 영국에서 유학할 때 여러 가지 요인 때문에 몇 년 동안 가족들과 제대로 만나거나 교류할 기회가 거의 없었다. 심지어는 외할아버지가 돌아가셨을 때도 임종을 지키지 못해, 그때만 떠올리면 지금도 마음이 편하지가 않다.

나는 사람들과 교류할 때 온라인이든 오프라인이든 구애받지 않는 편이다. 십여 년 전, 지금의 아내와 장거리 연애를 할 때도 인터넷을 이용해 서로의 감정을 잘 유지할 수 있었다. 또한 오프라인에서 제대로 만날 수 없는 몇몇 친구들과도 인터넷으로 연락을 유지하고 있어서 서로 관계가 소원해졌다는 느낌은 없다. 인터넷이 지닌 즉시성卽時性이란 특성 때문에 친구들과 그때그때의 취향도 공유할 수 있는 것이다.

사람들과 교류할 때 왜 어떤 사람들은 온라인이나 오프라인에 영향을 받고 또 어떤 사람들은 그렇지 않은 걸까? 이는 심리학적 측면인 애착 유형으로 살펴볼 수 있다. 애착유형은 엄마와 9~18개월 된 영아를 데리고 진행한 '낯선 상황 실험Strange situation experiment'에서 유래했다. 실험 내용은 다음과 같다.

엄마가 아이를 데리고 어느 방으로 들어가 아이에게 방 안을 자유롭게 탐색하도록 한다. 잠시 후 낯선 사람이 방 안으로 들어와 엄마와 잠시 대화를 나눈 후 아이만 남겨두고 엄마는 방 밖으로 나가고, 아이와 낯선 사람만 남게 한다. 일정 시간이 지난 후 엄마가 다시 방으로 돌아간다. 이렇게 진행된 실험에서 연구진들은 아이가 엄마와 교류하는 모습을 통해 애착유형을 네 가지로 나누었다.

네 가지 애착유형

첫째, 안정 애착이다. 엄마가 있을 때 아이는 안심하고 방 안을 탐색하며 낯선 사람이 나타나도 그와 교류한다. 그리고 엄마가 방 밖으로 나가면 처음에는 힘들어하지만 이내 적응하고 엄마가 돌아온 후에는 안심하는 모습을 보인다.

둘째, 불안정 회피 애착이다. 아이가 엄마의 존재를 아예 무시한다. 엄마가 방 안에 있든 밖으로 나가든 크게 반응하지 않으며, 심지어는 엄마가 돌아와도 무시하고 관심을 보이지 않는다.

셋째, 불안정 저항 애착이다. 엄마가 방 밖으로 나가면 아이는 초조해하고 낯선 사람을 두려워한다. 그러다가 엄마가 돌아오면 발을 동동 구르며 큰 소리로 울기 시작하고 쉽게 진정이 되지 않는다. 그리고 주변 환경을 탐색하는 행동도 거의 하지 않는다.

넷째, 불안정 혼돈 애착이다. 아이는 엄마가 밖으로 나가든 돌아오든 아무런 반응을 보이지 않는다. 심지어는 애착에 관한 상태를 보이는가도 명확하지 않다. 이는 불안정 회피 애착과는 다르다. 불안정 회피형의 아이는 일부러 무시하고 회피하는 행동을 하기 때문이다.

애착유형이 사람 간 상호작용에 미치는 영향

그렇다면 애착유형은 사람 간 상호작용에서 어떤 영향을 미칠까?

연구를 통해 알려신 바에 따르면, 안정 애착에 속하는 사람은 사람들과 교류할 때 플랫폼의 형식에 구애받지 않는 것으로 나타났다. 더 쉽게 말해, 안정 애착유형의 사람은 온라인에서도 오프라인에서도 사람들과 잘 지낸다. 연락하는 방식이 달라졌다고 해서 다른 사람과 교류하는 데 영향을 받지 않는 것이다.

불안정 회피 애착에 속하는 사람은 기본적으로 다른 사람과 애착 관계 맺는 걸 좋아하지 않는다. 그래서 다른 사람과 교류할 때 온라인과 오프라인의 차이가 크다. 특히 대인기피증이 있는 사람들이 바로 이런 경우에 속한다. 대인기피증이 있으면 오프라인에서 사람들과 직접 만나 교류하는 걸 두려워한다. 그래서 이들에게는 온라인 교류가 더 편하다.

불안정 저항 애착에 속하는 사람은 타인과 교류할 때 온라인이 더 유리하다. 그리고 재밌게도 이 유형은 온라인에서 사람들과 교류하면 오프라인에서의 애착 관계를 개선하는 데 도움이 될 수 있다.

다른 사람과 좋은 관계를 유지하기 위해 직접 만나야 하는가에 영향을 주는 요소 중에는 친밀도도 있다. 상대방과 친밀할수록 어떻게든 온라인으로도 관계를 이어 나가려 하기 때문이다.

하지만 온라인상으로도 관계 유지가 가능하다고 해서 친한 사람과 전혀 만나지 않아도 된다는 뜻은 아니다. 이 경우는 서로의 관계가 원래 견고해 비록 한동안 만나지 못하더라도 관계나 우정에 영향을 받지 않는 것뿐이다. 요즘 적잖은 사람들이 부모님을 1년에 한두 차례 찾아뵙는데, 만남의 빈도가 낮다고 해서 부모와 자식 사이가 서로 낯선 관계가 되지 않는 것과 마찬가지다.

직접 만나 교류하는 게 중요할까?

온라인으로 연락하고 관계를 유지하는 방식은 신속하고 편안하지만, 시간이 흐르면 직접 만나고 싶어 한다. 특히 교육과 관련한 활동, 이를테면 교사와 학생 사이에는 대면 수업이 필요하다. 장거리 연애 중인 연인도 계속 떨어져 있을 수만은 없으며 나중에는 서로 얼굴을 봐야 한다. 그렇다면 직접 만나 교류하는 게 왜 중요한 걸까? 그 이유는 다음과 같다.

첫째, 직접 만나면 신체 접촉을 하고 서로의 체취를 느끼는 등의 행위를 할 수 있다. 신체 접촉은 공감대를 높이는 방법이다. 엄마가 신생아를 품에 안으면 아이는 엄마의 심장 소리에 편안함을 느낀다. 연구를 통해서도 평소 사람들과 신체 접촉을 잘 하지 않는 사람이 남과 신체 접촉을 하게 되면 고독감이 사라진다는 사실이 발견되었다. 즉, **신체 접촉과 인간의 심리적 행복감은 서로 관련이 있다는 것이다.**

신체 접촉은 심리적인 행복감에 영향을 끼치는 것 외에도 생리적인 건강 상태도 좋게 해준다. 미국 카네기멜론대학 연구팀에서 400여 명의 성인을 대상으로 2주 동안 그들에게 있었던 사교 활동 및 타인과의 포옹 빈도를 조사해 보았다. 그 결과 타인과 비교적 자주 포옹하는 사람에게서는 질병 징후가 비교적 낮았다. 즉, **포옹이 면역력을 높이고 더 건강하게 만들어 준다고 볼 수 있다.**

사람들이 타인과 신체 접촉을 하는 건 사실 더 건강해지기 위해서는 아니다. 스킨십을 통해 전해져 오는 상대방의 진중함과 현실감이, 기침 소리가, 늘 뿌리는 향수 냄새가 낯설지 않고 익숙하며 기분 좋은 감정을 느끼게 해주기 때문이다. 이것들은 그 자체만으로는 존재감이 낮아 보이지만 종종 과거의 기억을 상기시키는 요소로도 작용한다. 특히 마음속 깊숙한 곳에 있는 추억을 상기시키도록 하는 건 온라인 교류로는 할 수 없는 부분이다.

둘째, 직접 만나야 즉각적이고 전방위적으로 상대방과 교류할 수 있다. 누군가와 대화를 하기 위해서는 말하기 전에 상대방이 보일 반응, 현재 상대방의 상태, 자신이 쓰려는 표현이 합당한지 여부부터 잘 따져보아야 한다. 그런데 온라인에서 사람들과 교류할 때는 이런 식으로 사전 점검을 하는 게 기본적으로 불가능하다. 상대방에게 답글을 줄 때 즉각적으로 반응할 필요는 없기 때문이다.

그리고 비록 화상 통화 중이라고 해도 직접 만났을 때처럼 상대방에게 자신을 드러내 보인 상태에서 소통하는 게 아니다. 물론 오프라인에서 소통할 때도 완전히 다 터놓고 대화하는 건 아니지만 그래도 정도의 차이는 있다. 만약에 단순히 음성 통화 중이라면, 상대방은 수화기 너머에 있는 사람의 표정이며 몸동작은 볼 수 없다. 게다가 목소리만으로는 말하는 이의 의도와 생각을 제대로 파악하기 힘들다. 목소리는 상냥하고 친절하지만 실제로는 나와의 대화가 지루하고 짜증 나 찡그린 얼굴로 억지로 대화를 하는 상황일 수도 있다. 이런 면에서 화상 통화가 음성 통화보다 낫겠지만 그래도 제한적이긴 마찬가지다.

사람과 사람이 소통하는 동안에는 가끔 자신의 어떤 의도가, 그것도 주관적으로는 의식하지 못한 의도가 언어 외의 통로를 타고 흘러 나와 상대방에게 전달될 수 있다. 예를 들자면, 페로몬이나 애정의 호르몬인 옥시토신^{oxytocin} 등이 자신도 의식하지 못한 사이 방출되어 주위 사람에게 영향을 미칠 수 있다. 그런데 이는 직접 만나 교류하고 소통할 때만 가능하다.

메타버스 시대로의 전환을 앞둔 지금, 우리는 사람과 사람을 연결하는 데 필수 불가결한 요소가 무엇인지 생각해 볼 필요가 있다. 어리석게도 현실을 모방한 메타버스만 만들려고 할 게 아니고 말이다. 메타버스 시대가 도래해도 일부는 원래 방식을 대체하지 못할 수 있다. 하지만 그만큼 또 새로운 가능성이 열린다. 지난 2년간 코로나 팬데믹을 거치면서 모두가 많은 걸 깨달았으리라 본다.

현재 인공지능 기술은 언어와 영상을 합성할 수 있는 수준까지 올라섰다. 그렇다면 이미 세상을 떠난 가족, 친구와 교류하는 게 이제 더는 「블랙 미러Black Mirror」같은 공상 과학 드라마에서나 등장하는 줄거리가 아니다. 그렇다면 이제 우리는 인공지능 기술이 무르익을 때까지 기다렸다가 방안을 마련할 게 아니라, 변화에 대응할 준비부터 철저히 해야 한다.

✦ 한밤의 조언

시공간적인 제한 때문에 유지할 수 없는 관계라면 애당초 소중히 여길 필요도 없다.

소셜 미디어가
갈수록 지루해지는 이유

예전에 어느 학생이 내게 이렇게 물었다.

"교수님은 어쩌면 그렇게 게시물에 빠르게 댓글을 다실 수 있는 거죠?"

그리고 내 친구 중 한 명은 내게 볼멘소리로 이렇게 말했다.

"네 게시물 공유는 정말 빠르더라. 내가 가입한 소셜 미디어마다 네 글이 올라와 있는데, 어떤 건 같은 글을 중복해서 올린 거더라."

주변에서 이렇게 반응하는 것도 무리는 아니라고 생각한다. 나는 하루에 적잖은 시간을 소셜 미디어 활동을 하는 데 쓰고 있다. 게다가 학생 때부터 지금까지 어전히 긱종 소셜 미디어에 글을 올리며 활동하는 걸 즐긴다. 다만 요즘은 소셜 미디어에 들어가 보면, 친구들이 올린 글보다 광고나 다른 미디어를 추천하는 글들이 더 많이 보인다. 그래서 가끔은 사람들이 요즘은 자신이 사는 이야기는 공유하고 싶지 않은 건지, 아니면 소셜 미디어 측에서 일반인이 올리는 글은 상업적 가치가 없어 걸러내는 건 아닌지 의심이 들 때도 있다. 하지만 내가 소셜 미디어에 접속하는 건 양질의 정보를 얻기 위해서라기보다는 친구들의 근황이 궁금해서다.

그런데 요즘은 나나 내 젊은 동료들이나 이제는 모두 소셜 미디어가 별로 재미없다고 느낀다. 이유는 서로 달랐다. 나는 소셜 미디어에서 공유되는 정보가 좀 단조로워졌다고 생각해서다. 반면 젊은 동료들은 소셜 미디어를 하는 게 무료해졌기 때문이라고 한다.

사회적 교류는 인류가 존재하는 한, 반드시 필요하다

나이가 들수록 자신에게 일어나는 변화를 살펴보자. 하는 일의 형태가 달라진 걸 빼면, 아무래도 심리적으로 성숙해진 게 가장 두드러진 변화일 것이다. 인류 발전을 탐구한 과거 연구에서 인간은 생로병사로 인해 각기 다른 애착 상태를 지니게 되며, 이로써 각기 다른 사람과 사회적으로 교류하는 것으로 나타났다.

인간의 시기별 사회적 교류 형태를 살펴보면, 태어나 초등학교에 다니는 동안에는 가족 위주의 사회적 교류 형태를 띤다. 그러다가 사춘기에 들어서면 가정의 테두리에서 벗어나 친구들과 사회적 교류를 하며 그들로부터 지지를 얻으려 한다. 하지만 성인이 되면 동료에게 의지하는 정도가 갈수록 줄어드는데, 그로 인해 '나는 친구들과 교류하고 사회적 교류를 하려는 욕구가 그리 크지 않다'고 느끼게 된다. 그런데 친구들과의 사회적 교류와 그들에게서 오는 응원은 줄어들지라도 사회적 교류 자체에 대한 필요성까지 사라지는 건 아니다. 단지 각자 사는 게 너무 바빠 사회적 교류 활동이 필요 없는 것 같다고 오인하는 것뿐이다.

자, 이제 모두 스마트폰을 꺼내 현재 쓰고 있는 소셜 미디어 앱을 실행해 보자. 그리고 첫 번째 페이지에 뜨는 대화가 무엇인지 살펴보자. 첫 번째 페이지나 최근 몇 개 페이지에 적힌 내용이 업무와 관련된 대화뿐이라면, 자신의 사회적 교류는 업무에 점령당한 상태이니 현 상황을 좀 개선할 필요가 있다.

업무로 맺어진 사회적 교류 관계는 순수함이 떨어질 수 있으며 이해득실에 의한 관계일 수 있다. 따라서 업무상 교류하는 사람과 진정성 있게 사회적 교류를 한다는 건 힘든 일이다. 또한 현대인은 직장을 자주 바꾸는데 만약 자신의 사회직 교류의 인

당신의 절친 숫자는 몇 명인가?

영국 옥스퍼드 대학의 인류학자 로빈 던바Robin Dunbar는 사람이 교류할 수 있는 친구 수의 최대치는 150명 정도라고 했다. 그리고 이 수치를 넘어서면 정상적인 교제가 불가능하거나 그 효율이 눈에 띄게 떨어진다는 것이다. 물론 이 100여 명의 사람 중에 비교적 밀접하게 교류하는 사람의 수는 더 적을 것이다. 미국의 유명한 여론조사 기관인 갤럽에서 진행한 조사를 보면, 친한 친구의 수는 평균적으로 9명인 것으로 나타났다. 이와 같은 수치는 기본적으로 소셜 미디어가 내놓은 통계 데이터와 일치한다. 그렇다면 자신이 평소에 '좋아요'를 눌러준다거나 댓글을 달아주는 친구의 수가 얼마인지 이번에 확인해 보는 것도 좋을 것 같다.

적 범위가 회사 동료뿐이라면, 회사를 그만둔 후 한동안은 사회적 교류 활동에 공백이 생길 수 있다.

사회 초년생에게는 누군가와 일부러 관계를 유지해야 한다는 게 힘들 수 있다. 학창 시절에는 사회적 교류를 하는 주요 대상이 학교 친구들이다. 우정을 유지하기 위해 일부러 시간을 들여 관리해 본 경험이 대개는 없기 때문이다.

인간관계란 건 시간을 투자해 유지하려 노력하면 반드시 그에 상응하는 보답은 돌아오는 법이다. 친구와 직접적으로 자주 만나지 못하는 상황일 경우에는 절충안을 찾는 것으로도 충분히 관계를 유지해 나갈 수 있다. 나 같은 경우, 친하게 지낸 대학 동창 몇몇이 해외에서 살고 있지만 인터넷이 있어 서로 자주 연락하고 지내는 편이다. 그리고 만날 기회가 거의 없다는 걸 서로 잘 알기 때문에 누구든 귀국할 예정이면 반드시 사전에 약속을 잡아 놓는다. 그렇게 친구가 귀국하면 우리는 서로 만나 얼굴을 맞대고 즐겁게 이야기를 나눈다. 그런데 이상하게도 가까운 데 사는 친구들과는 약속을 잡고 만나는 일이 오히려 없는 편이다.

고퀄의 대화 수준으로 교류의 질을 높여라

성인이 되면 친구를 만나는 데 쓸 시간이 충분하지 않다고 푸념하지만, 서로 양질의 교류를 하고 있다면 그걸로 됐다. 지인 중에는 친한 친구 수를 10인 이내로 유지하고 일정 시간이 지나 그동안 연락을 잘 하지 않았던 사람들은 친구 목록에서 삭제한다는 것이다.

양보다 질이라면 인간관계에서 어떻게 해야 질을 높일 수 있을까? 자신의 SNS 계정에 레스토랑을 소개한다고 가정해 보자. 그런데 게시물에는 사진 한 장과 '이 레스토랑 음식 정말 맛있어!'와 같은 짧은 글귀만 덧붙인다면 이걸로 된 걸까? 친구에게 레스토랑을 추천해주는데 '여기 맛있어.' 정도로만 말하고 마는가? 아닐 것이다. 왜 이 레스토랑에 가야 하는지, 어떤 점들이 유난히 인상 깊었는지, 음식을 먹어봤는데 어떤 특색이 있는지를 아마 신나게 설명해줄 것이다.

그 누구도 자신의 사회적 교류의 장을 단순히 쓸데없는 장광설이나 늘어놓는 곳으로 만들고 싶지는 않을 것이다. 그렇다면 친구와 고품질로 교류하는 방법을 마련해야 한다.

나에게 맞는 사회적 교류 방식 찾기

사용자가 많은 소셜 미디어 플랫폼도 있긴 하지만 만약 자신이 깊이 있게 교제하는 유형이라면 전통적인 일대일 교류 방식이 적합할 수 있다. 친구와 직접 만나 서로 마주 보고 대화를 나누는 편이 더 잘 맞는다. 또한 자신이 정보 교류는 좋아하지만 타인에게 관심받는 건 신경 쓰지 않는 유형이라면, 페이스북, 인스타그램, 유튜브 등을 이용하는 게 좋다. 그런데 이러한 플랫폼을 이용해 사회적 교류를 할 때는 이것을 통해 자신이 얻고자 하는 게 무엇인지 생각해 보는 게 좋다. 만약 자신의 기대사항을 제대로 파악하지 못하고 SNS를 하게 된다면, 바빠서 시간이 안 나면 그대로 활동이 중지될 수 있다.

이 밖에도 자신이 방관자가 되어 주변 친구들의 근황을 조용히 지켜보는 걸 좋아하는 유형이라면 자신에게 편한 방식으로 사회적 교류 관계를 유지하면 된다. 그런데 사회적 교류를 위해

SNS도 하는 것이니, 친구들에게 자신이 관심 있게 지켜보고 있다는 사실은 알려야 한다. 그러니 가끔은 친구들이 올린 게시물에 '좋아요'를 눌러주거나 댓글 정도는 달아주자.

삶 을 통 찰 하 는 찰 나 의 생 각

일부 사람들은 가식이 없고 순수했던 시절로 돌아가자며 더는 소셜 미디어를 사용하지 않는 게 좋다고 말한다. 그들은 소셜 미디어를 통한 교류는 변질된 행위라고 여긴다. 또한 플랫폼이 정보를 선별해 보여줌으로써 여론을 왜곡·조작해 선동하고 있다며, 우리가 부지불식간에 소셜 미디어 플랫폼에 휘둘리는 대상으로 전락했다고도 말한다.

나 또한 소셜 플랫폼이 정보를 선별하는 것 같다는 의심은 든다. 하지만 누군가가 주는 정보를 기다리기보다 자신이 적극적으로 정보 찾기에 나선다면, 정보 선별은 그리 심각한 문제는 아니다. 따라서 여러분이 남이 공유해준 정보만 흡수하지 말고 각자가 양질의 정보 제공자가 되었으면 한다.

✦ 한밤의 조언

요즘 소셜 미디어가 너무 재미없어졌다고 불평하기 전에 내가 플랫폼에서 공유한 건 얼마나 흥미로운 내용인지 가만히 생각해 보자.

인터넷이 MZ 세대의
사회적 교류를 망쳤다고?

일본에는 약 100만 명이 넘는 코쿤족^{cocoon}이 있다. 현재 그 수는 계속 늘어나고 있으며 이들 중에는 고학력자도 상당히 많다. 이들이 이런 생활을 하게 된 배경에는 매우 다양한 원인이 있다. 그중 인터넷에 과도하게 의지하는 생활 형태도 현대인의 사회적 교류 활동에 문제를 일으키는 원인으로 생각해 볼 수 있다.

인터넷상에서는 친구를 쉽게 사귈 수 있을 뿐만 아니라 친밀감도 더 쉽게 느낄 수 있다. 하지만 쉽게 얻는 것일수록 소중함을 모른다는 말처럼, 인터넷을 통해 맺어진 인간관계에서는 강한 유대 관계가 형성되기 힘들며, 장애에 맞닥뜨리면 서로의 관계가 쉽게 끊어져 버릴 수 있다.

고치 속에 숨은 듯 움츠러드는 코쿤족

코쿤은 영어로 '누에고치'를 뜻하는 말로, '코쿤족'이란 단어는 일본에서 만들어졌다. 의미는 사회에서 극도로 위축된 생활 형태를 말한다. 일본 후생성이 내린 정의에 따르면, 코쿤족에 속하려면 다음과 같은 다섯 가지 조건을 충족해야 한다.

첫째, 장기간 집에서만 지낸다. 둘째, 등교나 회사 출근 같은 사회적 교류 활동에 정상적으로 참여할 수 없다. 셋째, 앞서 언급한 두 가지의 생활패턴을 6개월 이상 유지한다. 넷째, 다른 정신 질환은 없고 중증도 이상의 지적 장애는 없다. 다섯째, 친하게 지내는 친구가 없다.

비록 이와 같은 현상은 일본에서 시작되기는 했지만, 다른 여러 나라에서도 코쿤족 조건에 부합하는 사람들이 발견되었다. 그 말인즉슨 발생 배경은 다를 수 있더라도 코쿤족 현상이 전 세계적이라는 것이다. 하지만 코쿤족은 그 특징이 사회적 위축Social withdrawal이라는 현상으로 현재 임상에서는 정신 질환 중 하나로 분류되어 있지는 않다.

온라인으로 더욱 풍성해진 사회적 교류

지금의 중년과 노년 세대가 젊은 시절에 사회적으로 교류하는 방식은 직접 만나는 것이었다. 그런데 인터넷은 꼭 대면하지 않아도 사회적 교류를 가능케 한다. 지금은 적잖은 노년층도 통신 앱을 이용해 학창 시절 친구들과 온라인상에서 연락을 주고받고 있고, 그 덕분에 노년층의 사회적 교류도 풍성해졌다.

여러분은 어떤 플랫폼을 통해 친구들과 우정을 이어가고 있는가? 온라인인가, 오프라인인가? 나는 온라인을 조금 더 많이 활용하는 편이다. 아이가 생긴 후로는 개인적으로 사회적 교류 활동에 참여하기 어려워졌기 때문이다. 그리고 사람들과 상호 작용할 때 오프라인보다 온라인에서 더 활발해지고 외향적으로 변하는 것으로 보아 온라인을 이용하는 편이 더 내 성향에 맞는 것 같다.

친구와의 사귐이 건강에 좋은 이유

앞서 영국 옥스퍼드 대학의 로빈 던바는 최대 친구 수가 150명 정도라고 했다. 로빈 던바는 이 외에도 성인 40명을 대상으로 대뇌 각 부분의 체적을 재고, 그들의 친구 수 및 타인의 상태를 예측하는 능력에 대해 알아보는 색다른 연구를 진행했다. 그 결과, 친구 수가 비교적 많은 사람은 타인의 상태를 예측하는 능력이 비교적 좋다는 사실을 발견했다.

이 밖에도 안와전전두엽피질Orbital prefrontal cortex, 그러니까 안구 위쪽에 있는 대뇌 영역의 체적이 비교적 크다는 것이다. 하지만 안와전전두엽피질의 체적이 비교적 넓어서 친구를 많이 사귈수 있는 건지, 아니면 많은 친구와 상호 교류를 하다 보니 대뇌 형태에 변형이 온 건지에 대해서는 지금까지 알려진 바가 없다.

친구와 교제하는 과정에서 동원되는 능력은 사람의 대뇌에 좋은 자극을 준다. 그러므로 혼자서도 잘 지낸다는 것에 만족하면 절대 안 된다.

영국 유학 초기 시절, 나는 정말 쓸쓸함을 많이 느꼈다. 심리학과는 높은 언어 수준을 필요로 하므로 외국인 학생이 적은 탓도 있었다. 특히 박사 과정을 밟는 외국인은 고작 세 명이었고 그중에서도 두 명은 모국어가 영어였다. 나는 낯을 가리는 성격인데다가 외국인과 어떻게 교류해야 하는지도 잘 몰라 기껏해야 고개나 끄덕이고 있을 뿐이었다. 더구나 유학 초기에는 돈을 아끼느라 친구들이 함께 술을 마시러 가거나 놀러 갈 때 참석을 꺼려 했다. 한마디로 나는 학과 내에서 사회적 교류 활동을 거의 하지 않는 '아웃사이더' 같은 존재였다.

그러던 내가 갑작스레 외향적으로 바뀌게 된 계기가 있었다. 영국에서 맞는 첫 번째 밸런타인데이 때, 같은 연구실을 쓰는 여학우들에게 초콜릿을 사서 돌린 후부터였다. 그때 왜 그런 행동을 했는지 기억은 나지 않지만, 그래도 그 일을 계기로 같은 연구실에 있던 사람들이 나에게 친근하게 다가오기 시작했다. 한 영국인 선배는 어찌나 친화력이 좋고 입담도 세던지, 그전까지 다가오지 않고 있었던 것이 신기할 정도였다. 그렇게 해서 나는 학과 사람들과 친해졌고 그 후로는 유학 생활이 그다지 쓸쓸하지는 않았다.

연이 다 하면 헤어지는 것이니 인연에 집착하지 말자

연이 닿으면 만나고 연이 다 하면 헤어지는 것이다. 사람과의 인연이 영원할 것이란 기대는 접어두고 새로운 사람과 만날 때마다 새로운 인연이 닿았다고 여기면 된다. 또한 누군가와 이별하게 되더라도 지나치게 상심하기보다는 나중에 또 연이 닿으면 언젠가는 만나게 될 것이라고 생각하자. 이는 절대 소극적인 태도가 아니다. 오히려 사람 사이의 관계를 관용적인 태도로 대하는 것이다. 사회활동을 시작하게 되면 친구를 사귀기 위해 동원할 수 있는 자원은 사람마다 다르다. 학창 시절처럼 비슷한 자원을 가지고 친해지는 게 아니다.

나는 사람 간에는 상부상조가 필요하다고 믿는다. 더 직설적으로 말하자면, 서로 이용하는 관계라고 생각한다. 이러한 이치를 잘 이해하면, 훗날 남에게 '이용'당하더라도 그리 힘들지 않다. 하지만 누군가와 교류한다는 건 결국에는 자신이 내린 결정에 따른 행동이기 때문에 자신에게도 일정 부분 책임이 있다. 그러므로 남이 요구를 해오면 먼저 잘 따져봐야 한다. 긍정적으로 다가왔다면 따를 것이고, 부정적으로 다가왔다면 나중에 후회하는 일이 없도록 완곡히 거절하는 것이 낫다.

인터넷상에서 이루어지는 사회적 교류와 관련해 우리는 여전히 배우는 단계에 있다. 그 안에 수많은 경우의 수와 거짓이 있기 때문이다. 나는 우리가 미래에 경험하게 될 인터넷에서의 상호 교류는 오프라인에서 이루어지는 것과는 다른 양상이 될 것으로 예상한다. 예전에 천 리 밖에 있는 사람과 실시간으로 대화를 나눌 날이 올 것이라는 건 상상도 못 했던 것과 맞먹는 엄청난 새로운 변화가 있을 것이다.

삶을 통찰하는 찰나의 생각

세대마다 각기 다른 사회적 교류 형태가 있는 것 같다. 예를 들어 인터넷이 보급되기 전에는 직접 만나는 게 주류 형태였다. 하지만 요즘 들어, 특히나 코로나 팬데믹 동안에는 온라인에서의 교류가 주류가 되었다. 그러므로 미래의 사회적 교류는 사이버 환경 내에서 이루어질 가능성이 크다. 이는 직접 만나는 것과는 다르다. 그렇다면 자신에게 사회적 교류가 어떤 의의가 있는지, 또한 어떤 방식을 활용해야 그러한 의의를 충족시킬 수 있는지 스스로 물어봐야 한다.

친구와 사귈 때 최대 장애물은 특정 플랫폼을 사용할 수 없어서가 아니라, 자신의 마음을 차지하고 있는 장벽 때문이다.

지금 나는 얼마만큼의 주도권을 지닌 채 살고 있는가?
직접 결정하기도 싫고, 모험도 하고 싶지 않은 상태인가?
직접 무언가를 찾아서 하는 게 귀찮게만 느껴지고
다른 사람이 시키는 대로만 하고 싶은가?
그렇다면 당신은 현재 의욕이 없어서 아무것도 하지 않고
빈둥대려고만 하는 '탕평족'과 비슷한 삶을 살고 있을 뿐이다.

일터에서
마모되지
않기

—— 마음 편히 여유롭게 지내며
들들 볶이지 않는 삶

"상사는 나를 압박해오고 동료는 나를 따돌릴 때, 어떻게 해야 할까요?"

"배운 것을 제대로 써먹지도 않고, 항상 높은 데만 바라보는 것이 잘못된 걸까요?"

"직장에 들어가 더 치열하게 경쟁해야 할까요, 아니면 다 포기하고 가만히 있어야 할까요?"

자신이 발붙일 곳을 찾기 전에, 자신을 먼저 돌아보세요.

그래야 직장에서 하고 싶은 대로 할 수 있습니다.

직장에도
PUA^{Pick-up artist}가 있다고?

어느 해, 봄방학 즈음 한 졸업생이 찾아왔다. 그는 웃고 있었지만 잔뜩 지쳐 있는 사람처럼 보였다. 무슨 일이 있었느냐는 내 물음에 그는 담담하게 심경을 쏟아냈다.

최근에 이직한 그는 이전 직장에서보다 월급은 더 많이 받고 있지만, 상사의 업무방식에 도저히 적응하지 못하고 있다는 것이다. 회사에 출근한 첫날, 상사가 업무지시를 해주지 않아 그는 어떻게 해야 하냐고 물었고, 그에게 돌아온 건 알아서 하라는 식의 대답뿐이었다. 결국 그는 일을 완벽하게 해내고 싶은 욕심에 첫날부터 자발적으로 야근을 했다. 그런데 작업 결과물을 제출하자 상사는 평소 눈에 익던 형식이 아니라서 그런지 그에게 일을 정말 못 한다고 꾸짖고는 곧바로 그 일을 다른 사람에게 넘겨 다시 처리하도록 지시했다.

제자의 말을 다 듣고 나서 나는 이렇게 말했다.

"직장 내에서 PUA를 겪는 중이구나!"

제자가 좀 황당한 표정으로 물었다.

"교수님, 남녀 사이의 그 PUA를 말씀하신 건가요?"

그는 PUA를 남녀 사이에서 이성을 유혹하는 행위로만 알고 있었다. 이에 다음과 같이 설명해주었다.

PUA가 등장했을 때 나온 정의를 놓고 보면, 직장 내에서 PUA를 당한다는 건 논리적으로 이상하게 느껴지는 게 당연하다. PUA의 초기 정의는 '여러 기교를 동원해, 특히 성적인 욕구를 건드려 상대방이 자신에게 사로잡히도록 하는 것'이지만, 지금은 일종의 '병적인 이상 상태'를 의미한다. 분명히 상대방에게 능욕당하고 있는데도 이는 상대방이 자신을 사랑하기 때문이라고 만드는 것이다. 이를테면 사사건건 참견하고 트집 잡는 남자친구가 귀찮지만, 그가 자신을 버리지도 떠나지도 않는다는 이유로 계속 만나는 여자가 있다면, 이 여자가 바로 PUA를 당하는 중인 것이다. 요즘 자주 언급되는 '가스라이팅' 개념과 비슷하다.

내 설명에 제자는 무언가 깨달은 것 같았다. 나는 이어 이렇게 조언했다.

"앞으로는 회사에서 모르는 일을 하게 되면, 반드시 다른 사람에게 협조를 구하는 게 좋겠네."

사실 남녀 관계에서의 PUA든, 직장에서의 PUA든 모두 특정

더 쓸모 있는 심리학 연구

마음속 불편을 제거하기 위한 인지부조화

인지부조화 개념은 레온 페스팅거Leon Festinger와 메릴 칼스미스Merrill Carlsmith가 1959년에 실시한 고전적인 실험에서 유래했다. 실험에 참가한 학생들은 번거롭고 무의미한 과제를 일정 시간 동안 수행해야 했고 실험이 끝났다고 통보받아야 자리를 떠날 수 있었다.

그런데 떠나기 직전에 연구원에게 간단한 제안을 받았다. 바로 다른 학생들에게 이번 실험 참가를 받아들이도록 설득하라는 것이었다. 그리고 그 대가로 A그룹은 20달러를, B그룹은 1달러를 받았다.

전체 실험이 끝난 후 1달러를 받은 그룹이 20달러를 받은 그룹보다 더 긍정적인 반응을 보였다. 이 같은 결과에 대해 레온 페스팅거와 메릴 칼스미스는 학생들이 고작 1달러만 받았을 때 이들에게 인지부조화가 더 크게 일어난다고 보았다. 지루한 과제를 수행하고 1달러를 받는 것 사이의 괴리가 너무 컸던 것이다. 그래서 그들은 이 인지부조화를 없애기 위해 그 수업이 사실은 재미있는 것이라고 긍정적으로 반응하게 되었고, 다른 학생에게 '이 수업은 무척 재미있는 수업'이라고 적극적으로 설득하게 된 것이다.

심리학 현상과 관련되어 있다. 바로 인지부조화 Cognitive dissonance
이다. 인지부조화는 개인의 태도와 행동이 너무 많이 달라 서로
모순되는 걸 의미하는데 이런 불일치에서 태도가 행동과 일치하
는 방향으로 변한다는 것이다.

기상천외한 방식으로 괴롭히는 직장 내 PUA

사실 직장 내 PUA는 여러 형태로 나타난다. 앞서 언급한 제자
의 경우는 가장 흔히 보이는 형태다. 상대방을 '부정'하는 표현
을 지속함으로써 상대방에게 '자신감을 잃게 만들고' 이로써 상
사의 명령에 '순종'하도록 만드는 것이다. 한마디로 '네가 하는
방식은 결국에는 거부될 거니까 그 방법은 쓰면 안 돼'라는 인식
을 심어 놓는 것이다.

직장 내 PUA의 다른 형태로는 위에서 언급한 것과 마찬가지
로 개인의 특질 부분만 부각해 부정하는 방식이 있다. 예를 들
면, '대체 일을 어떻게 하길래 효율이 오르지 않니, 왜 이렇게 덜
렁대니, 왜 그렇게 배우는 속도가 느려.' 등이 있다. 사람들은 이
러한 평가에 의외로 쉽게 설득당한다. 특히 여러 사람으로부터
비슷한 말을 들으면, 자신에게 가해진 부정적인 평가를 더 쉽게
믿어 버리고, 결국에는 그것을 인정해 버린다.

또 흔히 볼 수 있는 직장 내 PUA로는 '가치관 왜곡'이 있다. 분명히 상대방을 괴롭히는 것인데도 '연습할 기회를 주는 거야, 모두 다 너 잘되라고 그러는 거다.'라는 말로 자신들의 행위를 포장한다. 나는 경제적으로 궁했을 때 이런 유형의 PUA에 잘 말려들었다. 그리고 정말로 더 많이 훈련해야 하고, 상사가 연습할 기회를 주었다고 여겼다. 게다가 학비를 내고 배우는 것도 아니니, 고맙다고는 못할지언정 어떻게 항의 따위를 할 수 있겠느냐고 생각했다.

일부 기업에서 인턴들의 절실함을 꿰뚫어 보고 그들에게 각종 불합리한 요구에 험악한 소리를 해대는데, 이는 다 그들의 노동력을 쥐어짜기 위해서다. 제자 중 한 명이 웹 엔지니어가 되고 싶어 관련 훈련 프로그램에 지원해 한 기업에서 인턴을 하게 되었다. 그는 회사 정직원들이 하는 일과 거의 같은 일을 했지만, 임금은 그들의 5분의 1도 안 되었다. 결국 옆에서 보다 못한 그의 친구가 나를 찾아와 도움을 청했다. 원래 거절할 줄 모르는 녀석이니 다른 사람이 시킨다고 해서 무작정 하면 안 된다고 일침을 놔달라는 것이었다. 내가 제자를 불러 상황을 물어보자, 그는 이렇게 말했다.

"비록 많이 힘들고, 가끔은 일을 정말 많이 하는 데 비해 돈을 너무 적게 받는다는 생각이 들기는 해요. 그래도 그동안 많은 걸 배웠어요. 게다가 제가 내놓은 성과물은 아직 완성도가 떨어져 지금 대우도 나쁜 건 아닌 것 같아요."

그의 생각을 다 들은 나는 그에게 너무 순종적으로 굴지 말고 계속 지금처럼 행동하다가는 자칫하면 열악한 대우에 익숙해질 텐데, 그렇게 되면 안 된다고 조언했다. 사장이 당신의 업무 능력을 눈여겨보고 있다가 더 많은 일을 해달라고 요구할 수 있다. 그런데 그런 요구를 다 들어준다면, 당신은 이미 직장에서 PUA를 당하는 피해자가 되는 것이다.

어딘가 께름칙하고 불편한 감정의 시작이 PUA의 첫 신호이다

직장에서 어떤 식으로든 PUA를 겪었다면, 중요한 건 자신이 느낀 모든 부정적인 느낌을 합리화하기 위해 그것을 당연하게 받아들이면 안 된다는 점이다. 직감은 속이는 법이 없다. 그러므로 무언가 께름칙하다면 현 상황에 문제가 있다고 생각해야 한다.

사람은 경험으로부터 많은 영향을 받는다. 그래서 어딘가 불편하고 께름칙해도 처음부터 아예 참아버릇하면 나중에는 더 강하게 불편한 느낌이 들어도 더 높은 확률로 계속 인내할 수 있게 된다. 새 신발을 신으면 처음엔 불편하고 아프지만 계속 신고 있다 보면 불편함을 못 느끼는 것과 같은 이치다.

그런데 직장에서 괴롭힘을 당하는 것 같은 기분이 든다고 해서 곧바로 반격해야 하는 건 아니다. 우선은 어찌된 일인지부터 알아보아야 한다. 가끔은 자신이 일을 충분히 잘했다고 생각하겠지만, 실제로는 경험 부족으로 그럭저럭 잘한 수준밖에 되지 않았을 수 있다. 이런 경우, 다른 사람이 조언을 많이 한다는 느낌이 들면, 자신이 일을 제대로 못 하고 있다는 신호다. 그러므로 **비판이 제기되었을 때 자기반성이 선행되지 않은 상태에서 섣불리 반격부터 하면, 오히려 비참한 결과만 맞을 뿐이다.**

직장 내 PUA를 차단하는 방식

자신이 직장에서 PUA를 겪는 게 확실하다면, 우선 두 가지부터 해야 한다.

첫째, 기록으로 남긴다. 녹음이나 다른 사람의 사생활을 침해하는 기타 방법까지 굳이 동원할 필요는 없다. 하지만 적어도 괴롭힘을 당한 시점에 있었던 일과 그때의 기분 정도는 기록으로 남겨야 한다. 우리의 기억은 쉽게 왜곡되기 때문에 시간이 지나면 당시의 상황을 심각하게 받아들이지 않게 되거나, 또는 과장해서 받아들일 가능성이 있다. 그러므로 이러한 현상을 막기 위해서라도 발생 즉시 기록으로 남기는 게 가장 좋다.

둘째, 다른 사람에게 알려야 한다. 자신이 괴롭힘을 당하고 있는 상황을 다른 사람도 알도록 해야 한다. 제3자는 다른 관점에서 상황을 더 객관적으로 봐줄 수 있으므로 적합한 판단을 내릴 수 있도록 도와줄 수 있다. 또한 나중에 증인이 필요할 때 도움도 받을 수 있으므로, 반드시 자신의 처지를 다른 사람에게 알려야 한다.

삶을 통찰하는 찰나의 생각

직장 생활이 전혀 즐겁지 않다면, 자신에게 좀 더 포용적으로 대해 보자. 그리고 회사를 위해 너무 많은 희생을 치러서도 안 된다. 일에만 열중하고 다른 건 소홀히 하면, 결국 가장 크게 손해를 입는 건 자기 자신이다.

회사 측에서는 언제든 직원을 새로 뽑아 그에게 당신이 하던 일을 맡기면 된다. 하지만 내가 건강을 잃거나 무슨 일이라도 당하면, 누가 나를 대신해주겠는가?

✦ 한밤의 조언

직장에서 장기간 PUA를 당한 사람은 자신이 다른 사람에게 PUA를 하기 시작해도 모를 수 있다.

내 맘 같지 않은 상사,
어떻게 대해야 할까?

　주변 사람들을 관찰해 보면, 자신이 하는 일이나 생활에서 만족하는 사람을 거의 본 적이 없다. 학생들은 학생들대로 학교에 묶여 산다며 교사에게 볼멘소리를 하고, 직장인은 직장인대로 업무에 치여 산다고 불만을 토로한다. 심지어 나도 대학에서 학생들을 가르치는 걸 좋아하지만, 그래도 불만을 토로하라면 잔뜩 늘어놓을 수 있다.

　그런데 이처럼 생활 속에서 단순히 불만이 쌓이는 것과, 업무 시 자기 뜻대로 되지 않아 불만이 쌓이는 경우는 결이 다르다. 경제적인 문제와 직결되어 있기 때문이다. 업무를 뜻대로 진행할 수 없다고 해서 과감히 사직서를 던지고 나올 수는 없는 노릇 아닌가. 그래서 이번에는 직장 내에서 뜻대로 되지 않는 경우를 유형별로 살펴보고자 한다.

1. 상사가 실컷 혼내 놓고 나중에 위로해주는 경우

직장에서 업무 처리가 내 뜻대로 되지 않는 건 상사 때문인 경우가 많다. 상사 중 상당수가 자신이 지시해 놓고 철회하는 것으로도 모자라, 간단히 해결할 수 있는 일을 복잡하게 만들어 놓기도 한다. 그리고 부하직원에게 정해준 규칙에 따라 일하라며 잔소리를 해댄다. 실제로는 상사 자신이 그 규칙을 제일 안 지키면서 말이다. 또한 직원이 업무를 처리해 놨는데 문제가 생기면 상사는 그 모든 걸 다 부하직원 탓으로 돌린다. 그런데 다음 날이 되면 상사는 자신이 전날 한 말은 진심이 아니니 마음에 담아두지 말라며 부하직원을 위로한다.

이와 같은 상사의 행동은 직장에서 이루어지는 가스라이팅의 전형이다. 부하직원 입장에서 이러한 유형의 상사를 만났다면, 상사가 허용할만한 업무 처리 방식을 미리 제시해 보자. 물론 이 방식이 대단히 유용하다고는 할 수 없다. 이런 유형의 상사는 자신이 내린 지시를 수시로 번복하기 때문이다. 하지만 상사가 부하직원에게 책임을 떠넘기려 할 때, 부하는 상사가 허락한 대로 한 것이라며 최소한의 방어 정도는 할 수 있다. 만약 이때 상사가 업무 처리 방식을 수정하겠다고 나오면 부하직원은 원하는 대로 협조할 테니 대신 상사가 보기에 가장 이상적인 업무 처리 방식을 정확히 정해 달라고 부탁해야 한다.

또 하나 유의해야 할 사실은, 이런 상사 앞에서는 절대 약한 마음을 보이지 않아야 한다는 것이다. 잔뜩 혼났음에도 나중에 미안하다는 말을 들었다고 해서 그에게 잘못이 없다는 식으로 마음이 바뀌면 안 된다. 그리고 상사로부터 터무니없는 비난을 들었다면, 기록해 두는 게 좋다. 당장 반격에 나선다든가 또는 같은 일이 여러 차례 반복적으로 일어났다고 해서 그를 꼭 고소해야 하는 건 아니다. 다만 **개인적으로 기록을 남겨 상사의 태도를 객관적인 시각으로 보려고 노력할 필요는 있다. 그러면 어제는 비록 욕을 들었지만, 오늘은 미안하다는 말과 함께 위로를 들었으니 그것으로 된 거라며, 나 스스로 상사의 행동에 섣부르게 정당성을 부여해 내가 기분이 나쁜 건 다 나 때문이란 식으로 자책하지 않게 된다.**

2. '내가 잘나갈 땐 말이지~' 경력을 자랑하는 경우

직장에서 또 자주 볼 수 있는 상사 유형으로는 경륜을 뽐내는 부류가 있다. 이런 상사는 자신이 일러둔 방식으로 일이 진행되지 않으면 화를 낸다. 그리고 자신이 제안한 방법으로 일했는데도 문제가 생기면 부하직원이 노력을 덜 해서, 또는 어디 사소한 데서 착오가 생겨서 그렇다고 지적한다. 그게 아니면, 자신은 몇 십 년 동안 똑같은 방식으로 일했는데도 단 한 번도 실수를 안 했는데, 어떻게 문제가 터질 수 있냐며 힐책한다.

이런 유형의 상사는 사실 나쁜 사람은 아닐 수 있다. 그렇지만 그런 상사와 소통하려면 우선 먹힐 것 같은 방법으로 예행연습을 해봐야 한다. 그렇게 해야 잘못된 방법을 써서 실패하는 걸 막을 수 있다. 그런데 어찌 되었든, 이런 유형의 상사는 부하가 실패한 이유를 자신의 예전 방식을 따랐기 때문이라고 생각하지 않고 오로지 제대로 일하지 않은 부하의 잘못이라고만 생각한다.

3. 상사가 제안한 방식이 옳지 않은 경우

사람들은 모두 선입견 같은 게 있다. 상사는 젊은 직원들은 뭘 모른다고 생각하고, 젊은 직원들은 상사의 생각이 시대에 뒤떨어져 고루하다고 여긴다. 같은 일을 두고도 각기 다른 관점에서 해석되는 게 일반적이니 옳고 그름에 대한 해석도 천차만별일 수밖에 없다. 그러므로 원만한 소통을 하려면 상대방의 제안이라고 해서 무조건 부정하고 보면 안 된다. 다시 말해, 상사가 나의 제안을 받아들이길 바란다면, 어떤 방식으로 업무 처리를 할 것인지, 기존에 쓰던 방식과 어떤 점이 유사한지 상사에게 설명

리더십 유형에 따른 업무 만족도

업무효율에 대해 리더십 유형이 미치는 만족도는 많이 연구되는 주제다. 이를테면 도매업 직원을 대상으로 진행한 조사를 보면, 혁신형 리더십 유형Transformational leadership이 직원의 만족도에 영향을 미치는 것으로 나타났다. 그리고 리더가 혁신을 추구하는 정도가 높을수록 직원의 만족도가 높았다.

이 밖에도 직원들이 어떤 특질을 지녔느냐에 따라, 그리고 각각의 리더십 유형에 따라 반응이 다양하게 나타났다. 그러므로 직장을 구할 때 상사의 리더십 유형이 어떤지부터 알아보는 것도 좋은 방법이다.

할 방법을 찾아보자. 그리고 당연히 몇몇 부분은 미세조정을 거치게 될 테니, 그때도 상사의 의견을 물어보아야 한다. 그렇게 하면, 자신의 행동은 상사가 쌓아온 경험에 대한 부정이 아니라 그를 존중하는 차원에서 구하는 자문이 된다. 그러면 상사도 부하직원이 시도하려는 새로운 방식을 제법 긍정적으로 받아들일 수 있다.

더욱 중요한 건 개선한 방식으로 업무를 완수한 후 상사와 함께 이번에 사용한 방식의 장단점을 따져보는 것이다. 만약에 자신이 제안한 방식이 좋았다면, 여세를 몰아 다음에 일할 때도 이 새로운 방식을 써도 되는지 상사에게 물어보는 것이 좋다. 반면에 예상치 못한 문제점이 나타났다면, 어느 부분이 잘못되었는지, 다음에도 이번에 쓴 새로운 방식을 계속 쓸지 아니면 상사가 하던 원래 방식으로 돌아가야 하는지를 두고 가급적이면 상사와 논의해 봐야 한다.

많은 이들이 일하는 도중에 좌절감에 빠지는데, 이는 일에 대한 중요도가 너무 높기 때문이다. 적잖은 사람이 일하다가 좌절을 겪으면 바람 빠진 풍선처럼 축 늘어져 버리고, 휴식을 취하는 날에도 마음 편히 있지를 못한다.
일이 아무리 삶의 중심이 되었다고는 해도 그것이 자신의 전부가 될 수는 없다. 그러므로 일하면서 겪은 모든 걸 자기 인생의 전부로 여길 필요는 없다.

✦ 한밤의 조언

인재를 아끼는 사람을 만나게 되면 그 사람을 절대 떠나지도, 버리지도 마라.

인생의 전공 분야를
한 가지로 단정 짓지 마라

얼마 전 길에서 우연히 오래전에 연락이 끊긴 동창과 마주쳤다. 그녀에게 요즘은 어디에서 무슨 일을 하냐고 묻자, 그녀는 박사학위를 받고 연구원으로 일하다가 요즘은 전업주부로 아이를 돌보고 있다고 했다. 주변에서는 박사학위까지 받은 그녀가 집에서 아이나 돌보고 있고, 더군다나 아이가 이미 유치원에 다니고 있는데도 다시 직장에 다니지 않는다며 한마디씩 한다는 것이다. 이에 그녀에게 직장 생활을 다시 하고 싶은지 물었다. 그녀는 아예 생각이 없는 건 아니지만, 이제는 나이가 있어 힘들 것이라고 말했다.

그녀처럼 고학력 경력단절자의 경우는 전문성이 필요 없는 일을 하려 해도 사장이 고용하길 꺼리는 경향이 있다. 그렇다고 해서 다시 연구원으로 돌아가려 해도 학계에서 이미 여러 해 떠나 있었기 때문에 연구에 보조를 맞추는 문제를 두고 회의적인 반응에 직면할 가능성이 크다.

대화를 마치고 서로 작별 인사를 할 때, 나는 그녀에게 지금 하는 일이 즐겁고 다른 사람에게 해를 끼치는 게 아니라면 주위에서 하는 이야기는 신경 쓰지 말라고 조언했다.

고학력자가 직장을 그만두고 전업주부가 되면 학벌이 아깝다고 말들을 하지만 나는 이 같은 생각에 동의하지 않는다.

첫째, 여러 해 공부한 사람은 그렇지 않은 사람과 비교해 아이를 돌볼 때 무언가 다를 것이다. 만약 그간 공부한 것 중에 육아와 관련한 지식이 있다면, 아이를 돌보는 데 잘 활용할 수 있다. 그녀는 심리학 전공자라 나름의 지식으로 아이를 키우며 겪을 수 있는 여러 가지 문제점들을 전문적으로 살펴볼 수 있으니 그것만으로도 많은 도움이 될 것이다.

둘째, 왜 대학 졸업 후에 전공과 관련한 업종에만 종사해야 한다고 생각하는가? 중어중문 전공자는 중국어 선생님이 되거나 한문과 관련한 직종에만 종사해야 할까? 심리학을 배운 사람은 심리상담사만 되어야 할까? 그렇지 않다. 솔직히 말해, 전공을 반드시 살려야 한다는 생각은 매우 시대에 뒤떨어진 사고방식이다.

문제기반학습의 장단점

최근 들어 문제기반학습Problem-based learning이 교육 현장에서 인기다. 이 학습 방식은 단순한 지식 전수보다는 학습자가 지식을 어떻게 활용해야 문제를 해결할 수 있는가에 초점이 맞추어져 있다. 그래서 어떤 면에서는 학생들에게 그들이 배운 지식이 쓸모없는 게 아니라 생활 속에서 맞닥뜨리는 각종 문제를 해결하는 데 도움이 된다. 하지만 모든 지식을 문제기반학습의 형태로 교육할 수 있는 건 아니다. 또한 문제 해결만 지나치게 강조하면, 학습 자체가 단편적인 것으로 흐를 수 있어 학습자가 지식을 더 폭넓게 응용하는 걸 저해할 수 있다.

인생의 단계마다 나만의 특기를 발굴하라

학생들이 자주 하는 질문 중 하나가 '곧 졸업인데 전공을 어떻게 살려야 할지 모르겠다'라는 것이다.

심리학 전공을 생각하면 가장 먼저 떠오르는 직업은 심리상담가일 것이다. 그런데 심리학과에서는 연구하는 방법과 통계학도 배운다. 이것들은 여러 업계에서 활용이 가능하다. 따라서 배워도 쓸모가 없어 문제라기보다는, 전공을 어떻게 활용할지 제대로 신경 써서 생각해 보지 않는 게 문제다.

일단 같은 분야에서 본보기가 될만한 사례를 찾아 그들이 배운 것을 어떻게 활용하는지 참고해 보자. 어떻게 하면 배운 걸 활용할 수 있는지에 대한 방향을 잡을 수 있을 것이다.

내가 있는 학과에서 체육 특기생을 여럿 받았는데 학생 중에 펜싱 특기생이 한 명 있었다. 그녀는 국제 대회에서 금메달을 딴 대단한 실력의 소유자로 나를 찾아와 연구에 참여하고 싶다고 했다. 전문적인 스포츠 심리상담사가 되기 위해 스포츠 심리학을 공부하러 유학까지 생각했다는 것이다. 그녀는 이제 겨우 22살인데 선수로서는 전성기가 지났다고 했다. 하지만 그녀가 이미 다음 인생 계획을 세웠다는 점은 긍정적으로 다가왔다. 그녀는 직업 선수로서의 삶은 이제 막을 내렸으니 서둘러 미래 대비에 나선 것이다.

사람은 인생의 단계마다 특기가 수시로 바뀐다. 따라서 열린 마음을 가질 필요가 있다. 평생 딱 한 가지 일만 할 것이라 생각하고 한 우물만 파고 있으면 위험하다. 계속 같은 직업만 고집하면 그 일에 종사하는 동안 쉽게 권태를 느껴 도태될 가능성도 높다.

따라서 자신의 능력을 조금이라도 높이기 위해 일정 기간마다 연수를 받을 것을 권한다. 가끔은 특정 목적을 달성하기 위해 배운다는 실리적인 계산은 잠시 접어둬도 된다. 그 대신 일하며 자기 계발 차원에서 연수도 받는 것이니, 중간에 쉽게 포기하지 않기 위해 흥미로운 것을 배워야 한다.

예전에 모 경영대학 교수가 졸업생을 대상으로 직업 관련 조사를 한 결과이다. 회사를 결정할 때 기본적인 조건만 충족되면 입사하는 유형. 반면 어떻게 해서든 평판이 좋은 회사나 원하는 일을 찾으려는 유형. 이 두 유형을 비교해 보니, 두 번째 유형의 평균 소득이 확실히 높았다.

그런데 몇 년 후 다시 조사해 보니, 첫 번째 유형 졸업생들의 수입은 상대적으로 적었지만, 일에 대한 만족도는 비교적 높은 것으로 나타났다. 다시 말해, 일할 때 즐거운지, 성취감이 있는지는 자신이 어떤 일을 하는지, 그리고 얼마를 버는지와는 그다지 큰 관계가 없다는 것이다.

진짜 관건은 자신의 '마음 자세'와 '일을 대하는 태도'였다. 그러니 즐기면서 일하면 그걸로 된 것이다. 그것이야말로 정말 중요하기 때문이다.

✦ 한밤의 조언

전공을 살린다는 건 참 멋진 말이지만, 실제로는 자신에 대해 스스로 한계를 정하는 행위다.

고정관념의 틀에 빠진 걸까?

대학교수와 수도전기기사 중 누가 돈을 더 많이 벌까? 대다수 사람은 대학교수라고 답할 것이다. 하지만 많은 국가에서 수도전기기사가 대학교수보다 돈을 더 많이 번다. 그렇다면 누군가는 이렇게 말할 것이다.

"수도전기기사는 힘든 일이니 그럴 수 있겠지요. 그래도 선택 가능하다면 나는 대학교수를 할 거예요."

하지만 어떤 직종이든 막상 일해 보면 다 나름의 고충이 있다. 수도전기기사가 힘든 건 노동력을 동원해야 하고 작업 시 위험을 감수해야 하기 때문이다. 반면 대학교수는 노동력은 거의 쓰지 않지만, 신경 써야 할 게 많아 정신적으로 힘든 직업이다. 더

군다나 대학교수는 가끔은 실질적인 수입이 없는 일을 위해서도 많은 시간을 할애해야 한다.

그렇다면 원래 대학교수였던 사람이 수도전기기사로 전업했다면 어떤 생각이 드는가? 그가 높은 데 있다가 낮은 데로 왔다고 생각하는가? 만약 그렇게 생각한다면, 당신은 이미 고정관념에 빠진 것이다.

사회가 정한 고정관념에 빠지지 말자

경영학 박사인 A는 독서 모임을 좋아한다. 그런 그에게 연이 닿았는지, 그의 친구가 창업을 하면서 A에게 회사 실무자로 같이 일해 보자고 제안을 해왔다. 그도 때마침 자신의 장점과 특기를 살려 다른 일을 찾아보려던 차였다. 제안받은 회사는 전망도 좋았고 보수도 괜찮았다. 하지만 그는 제안받은 일이 자신에게 맞는지 확인해 보기 위해 직접 부딪쳐 볼지, 아니면 학벌에 맞는 다른 일을 찾아봐야 할지 망설였다. 그가 이처럼 망설였던 이유는 박사학위 전공자로서 전공 분야에 종사하거나 수준에 맞는 일을 찾아야 한다는 사회가 정한 고정관념 때문이었다.

하지만 개인이 일을 잘할 수 있는지는 그가 교육을 얼마나 받았으며, 또 어떤 유형의 교육을 받았는지와는 실제로는 크게 상관이 없다. 오히려 개인의 능력이 더 중요하다. 물론 정규교육시스템하에서 최고 교육까지 받았다면 그만큼 긍정적인 면도 있다. 이를테면 대학원을 마쳤다면, 적극적으로 문제를 발굴하고 해결하는 능력을 갖추고 있을 것이다. 연구라는 게 다른 사람이 뭘 해야 하고, 어떻게 연구를 이끌 수 있는지 일일이 알려줄 수 있는 것이 아니기 때문이다.

여성만이 전업주부를 할 수 있다는 편견은 버려라

P의 아내는 고위 직종의 직업으로 고소득을 번다. 부부에게

⠕ 더 쓸모 있는 심리학 연구

직업에 관한 사회의 고정관념

우리의 고정관념은 인간의 특질과 직업을 묶어 생각하는 경향이 있다. 남자는 의사, 여자는 간호사와 같이 과거에 지배적이었던 사고방식이 바로 그런 경우다. 이런 고정관념과 사회적 역할은 서로 맞물려 악순환을 낳았고, 그로 인해 사람들은 사회적 기대에 부응하는 직업을 가져야 한다는 보이지 않는 압박에 시달리게 되었다. 비록 근래 들어 성별과 직업을 묶어 생각하는 경향은 많이 옅어졌지만, 그래도 다른 영역에서의 고정관념은 여전히 사회적 역할과 긴밀히 얽혀있다.

따라서 이러한 악순환을 끊어내려면 모든 직업군에서 다양성을 추구해야 한다. 특정 학력과 특정 성별의 사람이, 특정 직업을 가져야 한다는 고정관념을 깨야 하는 것이다.

아이가 생기자 아내는 다른 사람에게 아이를 맡기는 게 영 마음이 놓이지 않는다며 남편이 집에서 아이를 돌보길 바랐다. 남편은 부부 중 한 사람이 아이를 키워야 한다면, 자신보다 아내의 수입이 훨씬 많기 때문에 자신이 아이를 돌보는 게 좋다는 생각은 하고 있었다. 하지만 마음의 준비를 하고 있었는데도 막상 일이 닥치자 과연 자신이 전업주부로 떳떳하게 생활할 수 있을지 자신감이 없어 주저하고 있었다.

P의 경우는 우리 사회가 아직 덜 성숙했음을 보여주는 사례라 할 수 있다. 노르웨이에서는 남성의 90퍼센트가 15주의 육아휴직을 신청하고 아이를 돌본다. 물론 노르웨이 남성의 육아휴직 비율도 예전부터 높았다기보다는 1990년대부터 꾸준히 높아진 현상이기는 하다.

위 사례의 남편이 망설인 가장 큰 이유는 주변의 시선과 이후 다시 직장으로 복귀할 때 겪게 될 어려움 때문이었다. 그런데 이 두 가지도 중요한 고려 사항이기는 하겠지만, 그가 정작 고민했어야 하는 건 자신이 집안일을 하는 데 있어서 잘 해낼 수 있을지의 여부다. 어떤 사람은 가사에도 타고난 데다가 아이도 잘 돌본다. 그런데 또 어떤 사람은 집안일을 하는 게 유난히 힘들고 골치만 아플 수 있다. 과연 이런 사람이 아이를 잘 돌볼 수 있겠는가. 집안일이나 아이 케어에 자신이 없다면 좀 더 가사일에 대한 역량도 길러 놓아야 한다.

그의 고민을 들은 나는 남녀 역할은 계속 변하고 있으니, 남들의 시선 같은 건 신경 쓰지 말라며 그에게 용기를 북돋아 주었다.

나는 업무 시간이 탄력적이라 아이들이 병원 갈 일이 있거나 하면 주로 내가 맡아 하고 있다. 그런데 막상 소아병원에 가면 늘 불편한 게 있다. 진료실 앞에 대기하고 있는 사람이 온통 여성들이어서 관심을 한 몸에 받는다는 점이다. 심지어 한번은 어떤 아주머니가 아예 대놓고 말을 했다.

"아이고, 정말 대단하네. 남자 혼자서 애 데리고 주사 맞히러 다 오고, 우리 집 사위도 이러면 얼마나 좋아!"

흥미로운 사실은 의사도 나를 홀아비로 생각했다는 점이다. 혼자 애 키우는 남자가 아니면 어떻게 단 한 번도 애 엄마와 함께 오지 않는지 의문을 가졌다고 한다.

직장으로의 복귀 문제는 육아를 위해 직장을 완전히 그만둔 후라면 힘들 수도 있다. 그러므로 아이를 키우는 동시에 자신의 직업 문제를 어떻게 해결해야 하는지도 생각해 봐야 한다. 만약 프리랜서처럼 일을 위탁받아 할 수 있다면 업무 스트레스도 비교적 적고 빈 시간을 효율적으로 사용할 수 있어 제일 좋기는 하다. 하지만 이 역시 아이를 어느 정도 키워 놓고 자신에게 여유

시간이 나야 시도할 수 있는 계획이다. 그래서 초기부터 양육과 일을 병행하려 자신을 몰아붙인다면 오히려 둘 다 제대로 못 하게 될 수 있다.

사람에게는 누구나 다 사회적인 권리와 의무가 있다지만, 그렇다고 해서 특정한 일에만 종사해야 한다고 정해져 있는 건 아니다.

특정 직업에 종사해야 한다는 '직업 역할'에 얽매인 사고의 틀에서 벗어나는 게, 어떤 역할을 제대로 하길 바라는 것보다 중요하다. 그리고 현재와 미래 사회에서 어떤 전문적인 일이 필요하게 될지, 또한 그것과 관련한 전문성을 지니려면 어떤 걸 배워야 하는지 스스로 물어보아야 한다.

✦ 한밤의 조언

열심히 일하는 블루칼라 계급이, 게으른 화이트칼라 계급보다 훨씬 존경스럽다.

치열한 경쟁사회에
더 적극적으로 뛰어들어야 할까?

하루는 이모로부터 전화가 왔다. 외사촌 동생 일로 걱정이 되니 도와 달라는 내용이었다. 외사촌 동생은 회사를 그만둔 후 무려 석 달 넘게 집에 박혀 있는 중이었다. 이모도 초반에는 아들에게 취직이나 돈 이야기는 가급적 하지 않았다고 한다. 하지만 석 달이 지나도록 아들이 태평한 모습만 보이니 이모가 내게 도움을 청한 것이었다.

외사촌 동생과 식사를 하며 자연스럽게 대화를 나눠보았다.

"이모 말로는 지금 새 직장을 찾는 중이라는데 회사생활이 별로였니?"

그는 직장에서 겪은 일을 에둘러 털어놓았다. 일하는 게 즐겁지 않았고 매일 똑같은 일을 반복하며 전혀 발전하는 느낌을 받지 못했다는 것이다. 또한 회사에서 늦게까지 야근을 해도 전혀 성취감도 느낄 수 없고 집에 돌아오면 쓰러져 자는 게 일인데, 그는 이런 반복되는 일상을 계속할 수 없었다고 했다.

나는 외사촌 동생의 말이 안타까웠다. 하지만 일하는 게 즐겁지 않으면 변화를 주어야지 의지력마저 다 소모해 버리면 나중

더 쓸모 있는 심리학 연구

'네이쥐안'이라는 악순환

네이쥐안은 중국에서 유행하는 말로 '극심한 내부 경쟁 환경에서 자신을 채찍질해 더 적극적으로 경쟁에 참여하는 것'을 말한다.

중국에서 대학 신입강사들을 대상으로 연구를 진행한 바 있다. 대개의 신입강사들은 불안감과 초조함을 가지고 종신 교수직을 얻기 위해 야근을 당연시하며, 이를 거시적 환경에 적응하기 위한 전술로 받아들이고 있다는 것이다. 즉, 주변 환경으로부터 압박감을 느끼면 오히려 더 적극적으로 가담하는 게 도움이 된다고 판단하는 것이다.

조직관리 관점에서 보면, '네이쥐안' 방식을 취하는 건 유리한 선택을 한 것처럼 보인다. 하지만 여기엔 리스크가 따른다. 당사자가 다른 선택지가 없을 때 '네이쥐안'이란 행위를 하기 때문이다. 그러므로 당사자가 자신에게 '다른 선택지가 있음을 안다면' 주위 환경에서 오는 압박감을 해소하기 위해 경쟁의 악순환이란 소용돌이 속으로 스스로 휘말려 들어가는 선택은 하지 않을 것이다.

에 아무것도 못 하게 된다며 넌지시 조언해주었다.

요즘은 이 같은 비슷한 직장생활 경험을 한 사람들이 많을 것이다. 그렇지 않다면 요 몇 년 새 N포세대니, 니트족이니 하는 용어는 나오지 않았을 것이다.

유연성의 시대, 효과적으로 일하기

이 세상에 용감하게 도전하는 사람이 없었다면 우리는 지금 어떤 세상에서 살고 있을까? 인류 역사를 돌이켜 보면, 아마도 큰 변화 없이 지루하고도 뻔한 세상을 살고 있을 것이다. 용감하게 도전한 사람들이 이룩한 성과는 아주 오래전으로 거슬러 올라가 볼 필요도 없이 지금 우리가 쓰고 있는 인터넷만 봐도 알수 있다. 40년 전에는 인터넷이라는 용어도 없었고, 시스템이란 것도 깔려 있지 않아 사람들은 지식을 빠르고 광범위하게 장악하지 못했다. '네이쥐안'이란 신조어만 놓고 봐도 그렇다. 지금은 관심만 있다면 인터넷을 이용해 곧바로 관련 자료를 찾아볼수 있다.

이처럼 정보를 효율적으로 획득할 수 있는 변화가 일자 사람들은 새로운 발전 방식을 받아들였다. 하지만 일부 사람들은 여전히 책에서 배우는 지식이야말로 참된 것이고 가치가 있다고 생각해 새로운 지식 습득법을 거부하기도 한다.

여러분은 일에서 또는 실생활에서 가장 효율적인 방법으로 일을 처리하고 있는가? 아니면 가끔은 특정 방식에 너무 익숙해져서 더 좋은 방식이 있는데도 외면하고 있는가?

나는 원래 수첩에 스케줄을 관리했다. 스마트폰을 사용한 지 몇 년이 지나서도 여전히 수첩만 고집했다. 스마트폰에 있는 일정표 앱을 쓰기보다 수첩에 써놨을 때 일정을 한눈에 확인할 수 있다고 생각해서였다. 그러던 어느 날, 수첩을 분실하고 나서야 생각을 고쳐먹고 스마트폰 일정표를 사용하기 시작했다.

왜 그렇게 별다른 성과도 없이 바쁜 걸까?

일할 때 도구를 바꾸면 크게 효율을 높일 수 있다는 것을 우리는 알고 있다. 도구를 바꿀 수 없다면 일하는 방식만 살짝 바꿔도 금방 차이가 난다.

통신회사 서비스 센터에서 근무했던 제자 B의 사례다. 그의 업무는 고객서비스 시스템의 데이터를 분석해 매일 파견해야 하는 직원 수를 예측하는 것이었다. 그는 입사 초기에는 회사로부터 데이터를 충분히 제공받을 테니 그것을 기반으로 제대로 능력을 발휘해 볼 생각이었다. 하지만 그런 다짐은 헛물만 들이킨 셈이 되고 말았다. 그는 회사 사람들이 자신에게 다른 걸 기대하고 있다는 건 꿈에도 알지 못하고 열심히 자료를 분석해 파견 예상 직원 수에 관한 보고서를 제출했다. B는 정말 진지하게 업무에 임했다. 하지만 연차가 쌓인 선배들에게서 돌아온 평가는 그가 뭘 모른다는 것이었다. 회사 선배들은 다년간의 경험에 비추어 제자의 분석이 문제가 있다고 생각했다. 게다가 나중에 알고 보니, 그가 제작한 직원 파견 관련 분석 자료는 현장에서 전혀 사용되고 있지 않았다. 대신 선배 직원들의 경험치에 의한 판단에 따라 모든 게 결정되고 있어서 그는 대단히 낙담할 수밖에 없었다.

그래도 그는 회사를 떠나기 전에 예측 공식까지 만들어 효용성을 검증해 보기까지 했다. 결과는 자신도 절로 감탄이 나올 만큼 뛰어났다. 하지만 상급자에게 보고를 해 봤자 진지하게 받아들이지 않을 것 같아, 그는 결국 회사에 입도 뻥긋하지 않았다.

B의 사례로 생각해 보자. 만약 기업에서 그가 만든 방식을 받아들였다면, 파견 인력을 예측하기 위해 쓸데없이 많은 사람을 동원할 필요도 없었을 것이고, 오히려 다른 분야에 시간과 정력을 더 쏟을 수도 있었을 것이다. 또한 직원들은 다른 일 때문에 바쁜 게 아니라면, 파견 인력을 예측하려 연장 근무할 일도 없었을 것이며, 자신의 시간과 정력을 업무에만 쓰지는 않았을 것이다.

여러분도 직장에서 이런 비슷한 상황을 겪어 보았을 것이다.

자신은 굉장히 바쁜 것 같은데, 정작 자신이 무엇을 하고 있으며, 무엇을 해야 하는지 잘 모르겠던 적은 없었는가? 그리고 지금 하는 걸 멈추면 일을 끝낼 수 없을 것 같아 막무가내로 앞만 보며 내달린 적은 없는가? 이와 같은 방식은 생전 처음 미로에 갇힌 쥐가 당황해 이리저리 뛰어다니다가 운이 좋으면 출구를 찾는 것과 같다. 물론 출구를 찾지 못하기도 하는데, 이런 경우 쥐는 결국에는 녹초가 되어 멍하니 제자리에 서 있게 된다.

요즘 세계 각지에서 끼니를 연명하는 것 빼고는 아무런 의미가 없는 직장을 그만두고 아무것도 하지 않으려는 현상이 젊은 이들 사이에서 일고 있다. 그리고 아예 일하기 싫어하는 사람들도 많아지고 있다. 이는 어쩌면 많은 사람이 자신의 일을 이제야 제대로 돌아보기 시작했기 때문이거나 기업들이 미래에 대한 멋진 청사진을 더는 제공하지 못하고 있기 때문일 수도 있다.

대단히 가치 있는 빈둥거림, 탕핑

외국에서는 '갭이어Gap year'가 유행하고 있다. 갭이어는 고등학교를 졸업하고 아직 인생의 진로를 결정하지 않은 1년 동안 해외 워킹 홀리데이에 참여하거나 단순히 여행을 다니며 지내는 것을 말한다. 그래서 어찌 보면 갭이어를 보내는 건 하는 일 없이 빈둥거리는 것이고, 중국에서 유행하는 말로 표현하자면 일종의 '탕핑躺平(열심히 일할 필요가 없고 최선을 다해 누워 있는 것이 오히려 현명하다'라는 뜻의 중국 신조어)'이다. 하지만 이 1년 동안 상당수의 청년이 자기 인생의 방향을 찾고, 좋은 사람들과의 인맥을 쌓게 된다고 한다. 따라서 갭이어 기간은 어찌 보면 빈둥대며 지내는 것이기는 해도 대단히 가치 있는 빈둥거림이다.

알리바바에서 수년 동안 일한 친구가 있었다. 그녀는 1년 전 과감히 회사를 그만두고 지금은 석사학위 과정을 밟고 있다. 소득이란 관점에서 보면, 공부하는 기간에는 수입 창출 활동을 하지 않으므로 어찌 보면 빈둥대며 지내는 것이다. 실제로는 자기 개발을 위해 시간을 투자해 실력을 쌓는 중인데 말이다. 이 기간이 지나고 나면 그녀에게는 창업을 하든, 전과 다른 업종에 종사하든 활용 가능한 자원이 늘어나 있을 것이다. 그러므로 돈 버는 걸 잠깐 쉬고 있다고 해서 잘못된 건 아니며, 자신이 놀고 있다는 생각에 지나치게 스트레스를 받을 필요는 없다.

외국에서는 한 개 또는 두 개 이상의 일을 하며 사는 프리터족이 늘어나고 있다. 이들은 고정 직업이 있는 게 아니어서 시간을 탄력적으로 조절해가며 산다. 이는 어찌 보면, 물질적인 욕망에 제약을 받지 않는 생활 방식이다. 그런데 또 어찌 보면, 물질적 욕망을 버리고 빈둥대며 사는 중국의 탕핑주의와 유사한 면이 있다.

최선을 다하되, 눈치껏 빈둥대는, 적극적인 불계

'적극적인 불계佛系'는 내가 만든 말로, 요 몇 년 동안 나는 이
방법을 쓰고 있다. '불계'는 '원래 할 수 있는 일은 열심히 하되,
속세에 휘둘리거나 헛된 꿈은 갖지 않고 자신이 정한 삶의 목표
에 따라 여유롭게 지내는 것'을 의미한다. 그래서 '적극'과 '불
계'는 서로 충돌하는 개념처럼 보일 것이다. 그럼에도 '적극적인
불계'란 표현을 만든 이유는 다음과 같다.

'적극'에서 중요한 건 자신에게 결정권이 있어서 스스로 어떤
역할을 하는 것이다. 그리고 '불계'에서 중요한 건 자신이 바꿀
수 없는 여건이나 상황이다. 그러므로 자신이 노력하면 되는 부
분에 대해서는 어떻게든 최선을 다해 최고로 잘 해내고, 자신에
게 결정권이 없는 부분에 대해서는 그냥 관심을 끄고 빈둥대며
지내자는 의미가 담겨 있다.

그런데 적극적인 불계를 취하기 전에 선행되어야 할 것이 있
다. 자신의 삶과 지금 하는 일에서 스스로 통제할 수 있는 부분
이 많은지 적은지부터 확인해야 한다. 만약 주도권을 발휘할 수

있는 정도가 절반도 안 된다면, 적극적인 불계를 하기엔 적합하지 않다. 주위에서 자신에게 기대하는 게 많은 상태이기 때문이다. 그런데 이런 상황에서 주위의 말은 무시하고 제 할 일만 하는 불계의 자세나 취한다면, 지켜보는 상대방은 그러한 진지하지 못한 태도로 인해 사회에서 도태될지도 모른다는 걱정을 할 수도 있다. 따라서 우리의 선택은 치열한 경쟁의 악순환에 휘말려 들어가거나, 아니면 아예 빈둥대며 사는 건 아니어야 한다.

그렇다면 지금 나는 얼마만큼의 주도권을 지닌 채 살고 있는가? 직접 결정하기도 싫고, 모험도 하고 싶지 않은 상태인가? 직접 무언가를 찾아서 하는 게 귀찮게만 느껴지고 다른 사람이 시키는 대로만 하고 싶은가? 그렇다면 당신은 현재 의욕이 없어서 아무것도 하지 않고 빈둥대려고만 하는 '탕핑족'과 비슷한 삶을 살고 있을 뿐이다.

또한 자기 자신을 지나치게 소모해야 하는 삶에서 허우적대기 싫다면, 직장을 찾을 때 신중해야 한다. 따라서 기업이 자신에게 제공해줄 수 있는 게 무엇인지 따져보되 단순히 임금, 교통 편의성, 승진 방법 등만 고려하면 안 될 것이다.

애플사의 스티브 잡스는 이렇게 말했다.

"자유는 자신감에서 나온다. 그리고 자신감은 자신을 단속하는 데서 나온다. 자신을 자제하는 법을 배우고, 엄격한 스케줄로 삶을 통제해야 자신을 단속하는 가운데 부단히 자신감을 연마할 수 있다."

스티브 잡스의 말처럼 스스로 자제할 줄 알면 삶을 더 의욕적으로 살 수 있다.

✦ 한밤의 조언

치열한 경쟁에 무작정 동조하거나 그냥 다 내려놓고 빈둥대며 살 생각이라면, 진심으로 일하지 않고 있을 때나 고려해 볼 만하다.

나를 위한 갑옷은
'친절'이다

당신은 상사에게 안 해도 될 아첨을 하는 사람인가? 많은 사람이 아첨에 깊은 반감을 가지고 있는 편이다. 직접 노력하기보다는 사람 간의 관계를 이용해 이득을 얻으려는 것으로 생각하기 때문이다. 나도 예전에는 같은 입장이었다. 아첨하는 건 질 낮은 수단을 동원하는 것뿐이고 왜 다른 사람에게 아첨해 이득을 보려는 것인지 이해가 되지 않았기 때문이다. 하지만 나중에 알게 된 사실로 어떤 이들은 무조건 상대방의 비위를 맞추려는 것이 아니라 '서로 좋게 지내는 게 좋은 일 아닌가?'라는 생각에 별다른 의도 없이 공손하게 행동하는 것이었다.

사실 아첨한다는 건 단순히 '다른 사람을 선의로 대하는 것'

정도로 해석할 수 있다. 물론 자신과 이익 관계로 얽힌 사람에게 만 선의를 보인다면 남들에게 반감을 살 것이다.

나는 내 특유의 성격 때문에 부지불식간에 다른 사람에게 상처를 주기도 한다. 그래서 남들에게 점수를 얻기 위해 일부러 잘 보이려는 행동을 할 때도 있다. 예를 들면 모 스포츠 스타를 좋아하는 장관에게 부탁할 일이 있을 때는 일부러 그가 좋아하는 스포츠 스타의 근황을 언급하며 우리는 서로 같은 사람을 좋아하고 취향이 비슷하다는 사실을 주지시킨다. 경우에 따라서는

☀️ 더 쓸모 있는 심리학 연구

아첨의 사회학

사회심리학자 제이 얼리Jay Earley 박사는 내면가족체계Internal family system 이론에 따라 습관적으로 남에게 잘 보이려는 사람은 통상적으로 어렸을 때부터 이러한 습성이 길러졌다고 추론했다. 즉, 어렸을 때 가족들과 상호 작용하면서 다른 사람의 요구를 경청하고 주의하라는 말을 늘 들은 데다가 그걸 잘 따르면 칭찬을 받았기 때문이다. 그리고 이런 환경 탓으로 남에게 잘 보이려는 습관이 길러진 것이다.

제이 얼리 박사는 더 깊이 있는 분석을 통해 남에게 잘 보이려는 행동 뒤에는 '공포'가 자리 잡고 있다는 사실도 발견했다. 이 공포로 인해 다른 사람에게 받아들여지지 않고 부정될 게 두려워 남의 비위를 맞추게 된다는 것이다.

성의가 담긴 작은 선물을 준비하기도 한다.

쓸데없는 반감은 다 된 밥에 재를 뿌리는 격

직장인 C는 정말 열심히 일하고 노력하는데 회사에서 인정을 받지 못하고 있었다. 그러다 어느 날, 우연히 같은 부서의 동료 한 명이 상사에게 맨날 자신을 욕하며 모든 공로를 가로채 가고 있다는 이야기를 듣게 되었다. 그는 무척 화가 났지만 동료의 악행을 까발려야 할지, 아니면 어떻게 반격해야 할지 갈피를 잡지 못했다.

C는 견실한 사람으로 남을 해코지할 줄 모르는 사람이었다. 반면 남의 비위를 맞춰주는 것도 잘하지 못해 인간관계가 그다지 좋은 편은 아니었다. 그래서 자신의 권익을 지키는 데 상대적으로 어려움을 겪고 있었다. 나는 그에게 자신이 작성하고 처리한 보고서와 업무 성과가 상사에게 제대로 전달되는지 확인하는 것과 자신의 공로임을 상사에게 명확하게 직접 알리라고 했다. 또한 동료들에게도 그들의 도움이 없었다면 순조롭게 일을 마칠 수 없었을 것이라는 감사의 인사도 잊지 말 것을 강조했다.

그 결과, C는 자신을 모함한 동료를 직접 공격하지 않으면서도 문제의 동료가 그의 공을 가로채는 걸 막을 수 있었다. 이렇듯 직장에서는 서로 화목하게 지내는 게 중요하다. 쓸데없이 반감을 사 상대방이 앙심을 품고 해를 입히는 상황을 만들지 않기 위해서다.

실적 스트레스를 함께 나눌 동료 한 명쯤은 필요하다

기업 중에서는 엄격한 관리 시스템 적용과 근속 연수보다 실적을 더 중시해 고도의 경쟁 환경을 조성하는 곳이 많다. 이와 같은 직장 시스템으로 인해 직원들은 회사 동료가 자신의 성과를 빼앗아 갈까 봐 늘 전전긍긍한다. 이렇게 스트레스를 많이 주는 회사에 다니다 보면 분명 누군가의 응원이 목마를 것이다. 하지만 같은 부서에 그럴 만한 동료가 없다면 어떻게 해야 할까? 이럴 때는 자신과 이해관계가 덜한 다른 부서 직원을 친구로 삼는 것도 좋다. 서로 견제하는 일이 발생하지 않도록 업무 영역이 겹치지 않는 직원과 친해져 보자.

회사 내에서 어떻게든 친구를 사귀어야 하는 이유는 '동병상련'이란 말처럼 업무에서 오는 스트레스와 수고로움을 가장 잘 이해해주고 공감받을 수 있기 때문이다. 또한 친구로부터 응원도 받을 수 있다. 스트레스가 큰 환경에 장기간 노출되면 육체적인 건강에도 해로울 뿐만 아니라 심리 건강에도 부정적인 영향을 미친다.

D는 글로벌 500대 기업에서 근무하다가 얼마 전에 회사를 관두었다. 나는 그에게 왜 회사를 그만두었는지, 연봉이 불만족스러웠는지 물어보았다. 그러자 그는 힘겹게 심경을 토로했다.

"돈은 적잖이 벌었지만 건강이 나빠졌다네. 생명을 태워 돈을 버는 기분이었어. 이대로 가다가는 분명 조만간 문제가 생길 것 같다는 위기감마저 들더군. 한 달 전에는 장기간 야근을 하던 회사 동료가 쓰러졌다네."

그에게 이직을 마음먹게 한 건 건강상의 위협 말고도 또 있었다. 그는 회사 내에 마음이 답답할 때 속 깊은 이야기까지 털어놓을 수 있는 친구라도 있었다면 함께 동지로서 의지가 되었을 것이라는 것이다. 직장생활에서 누구나 마음을 터놓고 대화할 친구가 필요하다. 그런데 친구를 사귀려 노력해 봤는데도 실패했다면, 그리고 회사 분위기마저 고압적이라면, 업무 환경을 바꾸는 것도 고려해 봐야 한다.

가장 좋은 업무 환경은 누가 뭐래도 회사 내부에 파벌 경쟁이 없는 경우다. 기업의 진짜 적수는 내부의 동료가 아니라 다른 경쟁사가 되어야 한다.

갓 입사한 직원이 사장을 돕다가 누명을 쓴 영화를 본 적이 있었다. 누명을 쓴 인물의 이야기는 드라마에서 종종 등장하는 소재거리기도 하다. 이는 실제 직장 생활과 비교해 보아도 다를 바가 없다. 워낙에 서로 속고 속이는 게 보편화되어 있다. 따라서 다른 사람의 비위를 맞추는 데만 열중하지 말고, 자신의 권익 보호에도 나서야 한다. 회사는 철저히 이해타산적인 그룹이다.

✦ 한밤의 조언

타인에게 나의 장점을 각인시키려면, 필요할 때 도움을 주는 전략을 써라.

직장에서 따돌림을 당하면
어떻게 해야 할까?

몇 년 전 방영된 한국 드라마 「미생」은 신입 인턴이 회사에서 겪게 되는 고군분투를 다루었다. 회사에 낙하산으로 들어온 주인공 인턴은 다른 인턴들에게 따돌림을 당한다. 심지어 여럿이 외근을 나갔을 때 혼자 외딴곳에 버려지기까지 한다. 그런데 그는 그렇게 무시당하고 따돌림을 당해도 묵묵히 견뎌낸다. 그리고 마침내는 노력과 운으로 자신을 바라보는 사람들의 시선을 바꾸어 놓는 데 성공한다.

이 드라마는 아마 지금도 전쟁터처럼 언제 터질지 모르는 지뢰밭을 피해가느라 진땀을 흘리는 신입사원들이 본다면 무릎을 치며 공감할 수 있는 부분이 적지 않을 것이다.

이 드라마의 주인공처럼은 아니더라도 직장에서 고립되거나 동료들에게 따돌림을 당해 본 적 있는가? 만약 그렇다면 어떻게 해결하면 좋을까?

갓 입사한 신입사원의 고립감 해소법

새로운 환경에 들어서면 모든 게 낯설어 쉽게 고립감을 느낄 수 있다. 이러한 고립감을 제일 쉽게 해소할 수 있는 방법은 직장 동료들과 업무 외적인 것에서 공감대를 형성하는 것이다. 일부 회사에서는 '팀 빌딩Team building' 방식으로 직원들이 더 잘 뭉칠 수 있도록 돕는 프로그램이 있다. 여러 가지 활동을 함께하는 팀 빌딩은 직원들 간에 공감대를 형성할 부분을 늘려준다. 이 밖에도 동료들의 기호를 파악해 관계를 더 가깝게 할 수도 있다. 예를 들어 밀크티를 자주 마시는 동료가 있다면 그동안 자신이 먹어봤던 밀크티 중 제일 특색 있었던 것을 함께 마시자고 청하거나, 동료에게 가장 좋아하는 밀크티를 추천해 달라고 요청해 볼 수 있다.

이처럼 관계를 돈독히 하기 위해서 애쓰는 게 어쩌면 어색하고 거북한 사람도 있을 것이다. 하지만 잘 모르는 사람들과 친분을 쌓으려면 이렇게 색다른 방법도 동원해야 한다. 미국에서 박사 과정을 밟았던 한 친구는 지도 교수가 테니스 치는 걸 좋아한

직장 내 외로움

'직장 내 외로움   '은 근로자 개인의 정서에만 영향을 미치는 게 아니라 직원들의 업무 수행 효율에도 간접적 영향을 미칠 수 있다. 영리와 비영리 조직을 대상으로 진행한 연구에서 직장 내 외로움은 업무 수행의 '효율 저하, 조직을 향한 감정이입 하락, 팀 협동력 하락'을 초래했으며, 오로지 일하는 척 눈속임하는 지표만 상승하는 것으로 나타났다. 직장 내 외로움이 감정이입에 영향을 주어 업무 수행에 차질을 주는 것이다.

다는 걸 알자 테니스를 기본기부터 배우기 시작했다. 그리고 학위를 마치고 졸업할 즈음이 되자 그의 실력은 아마추어 대회에서 상위권에 들 정도로 실력이 늘어 있었다.

그런데 신입사원뿐만 아니라 직장 3~4년차 경력자들도 직장 내 따돌림으로 인해 고립감을 느낄 때가 있다. 그 유형에는 다음과 같은 것들이 있다.

1. 업무 스타일 때문에 따돌림을 당하는 경우

새로운 환경에 들어가면 모든 게 낯설어 어쩔 수 없이 혼자 있게 될 수 있지만, 다른 사람과 업무 스타일이 달라 회사에서 고립되는 경우도 있다. 직장 경험이 있는 사람이라면 다 알겠지만,

무조건 다수에게 인정받는 업무 스타일은 없다. 누군가의 업무 스타일이 좋은지 나쁜지는 당사자가 속한 집단으로부터 인정받는지 여부에 달렸다. 만약 자신이 속한 부서가 야근을 하지 않는 분위기인데 자신이 자발적으로 야근을 해왔다고 해 보자. 그렇다면 누가 봐도 자신은 열심히 일하는 것으로 보일 테지만, 사무실 동료들에게는 유난스럽게 여겨진다. 이렇듯 옳은 업무 스타일이란 모두가 인정하는 것이며, 그 방법을 따라야 비교적 무난한 회사 생활이 가능하다. 그런데 만약 회사의 가치관과 자신이 추구하는 바가 크게 차이가 난다면, 아마도 그 사실을 인지한 순간부터 그 회사는 오래 근무하기엔 힘든 곳이 될 수 있다.

상대적으로 규모가 있는 조직은, 그게 학교든 기업이든지를 막론하고 모두 표준화된 작업 규정이 있다. 그중에는 일부 불합리해 보이는 부분도 있을 것이다. 하지만 확대해서 꼼꼼히 살펴보면 사실 다 나름의 이유가 있어서다. 예를 들어 어떤 공통 서식은 얼핏 보면 번거롭고 바로 익히기 쉽지 않다. 하지만 조직 내 전체 인원과 소통해야 하는 정보가 있을 때 공통 서식을 이용하면 효율을 높일 수 있다. 그러므로 난해하고 불합리해 보인다고 해서 언제나 그런 것만은 아니다. 만약 자신의 업무 스타일이 독특한 축에 든다면, 그래서 상대방의 방식을 쓰고 싶지 않다면 살펴볼 게 있다. 바로 자신의 독특함이 다른 사람을 이해하려 들지 않는 데서 기인해 남의 것은 별로라고 생각하는지 여부다.

이런 유형은 일 처리를 할 때 우선 남의 방법을 가져다 쓰되 그것을 살짝 조정해 사용하는 것이 비교적 좋은 방법이 될 수 있다. 이렇게 기존의 방식을 살짝 바꾸기만 해도 더 좋은 결과를 낳을 수 있음을 상대방에게 알려주는 것이다. 그리고 이처럼 상대방을 이해시키는 걸 전제로 나선다면 성공 가능성이 높아지고, 사내에서 따돌림을 당하게 될 리스크도 줄어들 것이다.

2. 자신의 특질 때문에 따돌림을 당하는 경우

자신이 따돌림을 당하고 있는데 그게 업무 스타일 때문이 아니라면, 개인적인 특질 때문일 수도 있다. 그럴 때는 자발적으로 자신의 성향이나 성격 등을 바꾸어 보려는 노력이 필요하다.

우리는 다른 사람을 평가할 때 어느 특정 요소에 영향을 받는 경향이 강하다. 예를 들면, 몸에서 안 좋은 체취가 나는 사람에게는 사람들이 잘 다가가려 하지 않는다. 그런데 이와 같은 문제점은 상대적으로 쉽게 고칠 수 있는 특성이기 때문에 원인이 되는 것을 제거하고 개선하면 사람들과의 관계를 개선하는 데 도움이 될 수 있다. 하지만 남에게 외면받는 특질 중에는 고치기 어려운 것도 있다. 예를 들어 투렛증후군을 앓고 있는 사람은 자신의 의지와 상관없이 수시로 이상한 소리를 내 남들 눈에 좋지 않아 보일 수밖에 없다. 하지만 상대방이 마음의 준비를 할 수 있도록 자신이 투렛증후군임을 사전에 알린다면, 갑자기 증상이 발현되어도 상대방은 크게 불편해하지 않을 것이다. **사람들은 잘 모르는 것에 대해 오해하고 꼬리표를 붙이는 경향이 있다. 그러므로 아예 고칠 수 없는 특질을 지니고 있다면, 남이 알지 못하도록 꼭꼭 감추기보다는 과감하게 알리는 편이 훨씬 낫다.**

3. 누군가의 악의로 따돌림을 당하는 경우

어떤 사람은 정말 재수 없는 이유로 고립되기도 한다. 이런 경우는 대개 악의적으로 배척당했을 가능성이 큰데 업무와 업무 외적인 것으로 요인을 나눠볼 수 있다.

우선 업무와 관련해 따돌림을 당하는 경우다. 누군가가 제안서를 내서 상부로부터 인정받으면 그 사람은 다른 직원들의 시기와 질투의 대상이 되는데 이것이 따돌림으로 이어지기도 한다.

만약 자신이 이런 이유로 배척당하고 있다면, 어떻게든 다른 직원들에게 자신의 선의를 보이도록 노력해야 한다. 이유야 여러 가지가 있겠으나, 제안서가 자신의 특출난 능력만으로 만들어진 것이 아니며 팀원의 도움이 있었기에 가능했다는 것을 알려 주변의 인정을 받을 수 있도록 해야 한다. 또는 다른 이의 제안서를 상부에 올려 인정받도록 도와주는 방법을 쓰는 것도 좋은 해결책이 될 수 있다.

다음으로 업무와 상관없는 이유로 배척당하는 경우다. 좀 황당하게 들리겠지만, 세상에는 공과 사를 구별 못 하는 사람들이 있다. 그들은 기분 상하는 일이 있으면, 업무와 전혀 상관이 없는데도 직장에서 다른 직원을 괴롭히며 기분을 풀려 하는데, 이것이 누군가를 따돌리는 형식으로 나타나기도 한다.

만약 누군가의 개인적인 문제 때문에 배척당하고 있다면, 이는 정말 울지도 웃지도 못할 황당한 일을 당하는 것이다. 게다가 이런 부류의 사람들이 하는 짓은 일일이 대응하기도 힘들다. 그러므로 되도록 부딪히는 걸 피하고, 회사 밖에서는 회사에서 당한 일을 잊도록 노력해야 한다. 남에게 화풀이해대는 사람과 부딪히게 되면, 예상된 결과를 감당하는 것 말고는 달리 해결책이 없다. 심한 경우, 어떤 이들은 앙심도 품기 때문에 이들은 어떻게든 피해야 한다. **하지만 일과 관련해 부딪혔을 때는 절대 양보하면 안 된다. 이런 부류의 사람이 업무를 가지고 괴롭히기 시작했다는 건 이미 마음속에 응어리진 게 있기 때문이다. 그러므로 업무에 관련해 허투루 처리하거나 물러나는 모습을 보인다면 오히려 이들에게 트집 잡힐 거리만 제공할 뿐이다.**

일자리를 구할 때 대개는 월급, 근무 시간, 복지혜택 등 객관적인 조건을 놓고 따진다. 하지만 즐겁게 일할 수 있도록 해주는 건 이러한 객관적인 조건이 아닐 때가 많다. 오히려 앞서 언급한 리더십 유형이나, 직장 내 외로움 같은 요소들이다.

'인간관계'라는 요소가 우리에게 미치는 영향력은 직장에서든 다른 곳에서든 실제로는 우리가 생각한 것 이상이다.

✦ 한밤의 조언

사장이 좋아하는 직원이 되면 체면은 설 것이나, 오래 버티기 힘들다. 동료가 좋아하는 직원이 된다면 속 편히 오래오래 회사 생활을 할 수 있다.

업무 외의 자기개발이
꼭 필요할까?

퇴근 후, 자기개발을 위해 수업을 듣는 직장인들이 있는가 하면 회사에서 진행하는 연수에도 불성실하고, 심지어는 퇴근 후에 공부하는 동료들을 비웃는 사람들도 있다. 이처럼 다른 사람의 자기개발을 비웃는 이들은 어느 회사이건 늘 있다. 승진에는 관심 없고 오로지 월급만 제때 받기를 바라는 부류 말이다.

그런데 이들이 자기개발을 위해 공부하는 사람들을 일단 무시하고 보는 게 단순히 위기감이 없어서일까? 어쩌면 승진이니 하는 것이 자신에게는 그림의 떡이라 눈이나 흘기고 보자는 심보가 발동한 것일 수도 있고, 단순히 시간이 없어서일 수도 있고, 또 어쩌면 배움에 대한 동기부여가 전혀 안 되어 있어서일 수도 있다.

중요한 건 능력이지 학력이 아니다

K는 타이완 서남부 핑둥屛東에서 북부 타이베이로 와 한 회사에서 밑바닥 일부터 시작했다. 그리고 열심히 노력한 덕분에 상사의 눈에 들어 지금은 팀장의 자리에까지 올랐다.

그가 다니는 회사는 학력을 굳이 따지지 않는 곳이었지만 최근 들어 제법 괜찮은 대학의 졸업자들이, 심지어는 해외 석사 학위자들까지 지원해 신입사원으로 들어오기 시작했다. 바로 이것이 K에게 부담이 되기 시작했다. 그는 학력이 좋지 않아 명문 학교를 졸업한 부하 직원들에게 일을 시킬 때면 그들이 자신의 지시를 무시하지는 않을까 염려하고 있었다.

그런데 직장에서 진짜 중요한 건 능력이지 학력이 아니다. 생각해 보라. 그가 능력이 없었다면 어떻게 팀장의 자리까지 승진할 수 있었겠는가. 그에게는 분명 그동안 자신도 몰랐던 능력이 축적되어 있었을 것이다.

나는 K의 마음을 충분히 이해할 수 있다. 세상에는 자신이 명문대 출신인 것만 믿고, 다른 사람을 무시하는 '지적 과시'를 하는 사람들이 많기 때문이다. 지적 과시에 빠진 사람들은 부를 과시할 때와 마찬가지로 지식을 과시할 때 자신감이 올라간다. 하지만 지적 과시를 좋아하는 사람은 겉만 번지르르할 뿐이다. 이런 사람들은 주변에서 흔히 볼 수 있다. 나는 그에게 자신감을 가지고 직장에서 자신이 이룬 성취를 돌아보고 장점을 찾아보라고 조언했다. 또한 훌륭한 사람에게서는 겸허하게 배움을 청하는 자세도 반드시 필요하다고 강조했다.

매달 날을 잡아 직원들끼리 각자의 특기를 공유하도록 독려하는 회사가 있다. 이때 개인이 공유하는 특기는 꼭 업무와 관련된 게 아니어도 된다. 자신의 특기를 소개하고 다른 사람에게 서로 가르쳐줄 수 있는 프로그램을 통해 팀워크도 강화할 수 있고 모두가 다양한 기능을 익힐 수 있는 시간이 될 수도 있다.

많은 회사에서 관리직을 대상으로 연수 프로그램을 실시한다. 잠재력이 있는 직원들을 교육해 그들이 더 발전할 수 있도록 도와주기 위해서다. 회사에 여러 프로그램이 있다면 참여해 보자. 내부 정규 채널을 통해 연수를 받으면 기업이 바라는 능력을 효율적으로 습득할 수 있을 뿐만 아니라, 상사들에게 노력하는 사원으로 비칠 수 있는 좋은 기회가 된다.

자신이 상사라 할지라도 부하 직원이 업무에서 좋은 결과를 냈다면 배우고자 하는 자세를 갖는 게 좋다. 자신보다 잘하는 사람에게 본받을 점이 있으면 본받고 더 노력하는 자세야말로 더

할 나위 없이 용기 있고 멋진 행동이다. 절대 자신의 위치를 의식해 체면 상하는 일이라며 지레 겁먹지 말길 바란다. 사람은 저마다 장점이 있다. 그러므로 자신보다 신분과 지위가 낮은 사람에게 배우는 걸 창피하게 여기고 묻고 배우지 않는다면, 너무 안타까운 일이다.

☀️ 더 쓸모 있는 심리학 연구

느리지만 이해도가 높은 손 필기의 강점

몇 년 전에 모 심리학 연구에서 학생들에게 TED 강의 영상을 보여주며 필기를 하도록 한 후 그들이 영상 내용을 얼마나 잘 이해했는지 측정해 봤다. 연구에 참여한 학생의 절반은 전통적인 손글씨 쓰기로 필기했고, 나머지 반은 컴퓨터 자판을 이용했다. 연구 결과, 강의 영상에 대한 이해도가 더 높은 쪽은 전통적인 '손글씨' 방식으로 필기한 그룹이었다.

연구자들은 그 이유를 다음과 같이 추론했다. 컴퓨터로 기입한 학생들은 타자로 칠 때 필기 속도가 빨라 들은 내용을 웬만하면 거의 기록하는 게 가능했다. 반면 손으로 직접 쓴 학생들은 기록 속도가 느린 탓에 내용을 정리해가며 중점만 기록할 수 있었다. 이런 이유로 손으로 필기할 때는 시간적으로 모든 내용이 아닌 중요 내용만 기록할 수 있었으므로 이해도가 더 높아진 것이다.

능동적으로 학습할 때 더 많은 수확을 거둔다

나는 능동적인 학습을 중요하게 여긴다. 그래서 유료 학습 사이트에 돈과 시간을 들이는 것보다 시간을 할애해 직접 과목을 하나 짜 보기를 권한다. 돈을 주고 산 내용은 다른 사람이 취합해 정리한 산물이어서 수동적으로 지식을 처리하는 버릇만 들일 수 있다. 하지만 직접 시간을 들여 한 가지 과목을 스스로 만들어보면, 그 자체만으로도 능동적인 학습을 하는 것이어서 더 많은 수확을 거둘 수 있다.

어떤 분야에 깊이 있는 연구를 해 본 것도 아닌데 어떻게 능동적인 학습이 가능하냐고 의문을 품을 수 있다. 나는 사람들이 '지식이란 무엇인가?'라는 질문에 너무 협소하게 정의를 내리고 있다고 생각한다. 그리고 수업이 개설되고, 시험에 나와야 우리는 그것을 비로소 지식으로 여기는 경향이 있다. 하지만 물건을 잘 정리하고 수납하는 것, 남과 사귀는 것 역시 지식으로 볼 수 있다. 자신이 잘하는 것이라면 그것과 관련한 지식을 가지고 뭐든 해 볼 수 있는 것이다. 설령 수업을 개설하지는 않더라도 자신이 원래 잘하는 일을 더 잘하게 될 수도 있다. 수납을 예로 들면, 일본 가정주부 중 가사를 돌보면서 터득한 지식으로 인터넷 스타가 된 이들도 있고, 그들 중 일부는 비용을 받고 수납과 정리를 전문적으로 해주는 수납의 달인으로 활동하기도 한다.

사람들은 분야마다 걸출한 재능을 지닌 사람들을 너무 많이 봐와서 그런지 자신은 잘하는 게 없다고 여기는 것 같다. 상위 0.01 퍼센트에 속하는 달인의 능력과 자신의 능력을 비교해 본 후 자신의 실력이 모자란다고 좌절하면 안 된다. 대신 현시점에서 자신이 잘하는 게 무엇인지 생각해 봐야 한다.

삶을 통찰하는 찰나의 생각

지식이 폭발적으로 늘어나는 오늘날, 양극을 달리는 현상도 나타나고 있다. 자신은 알 만큼 충분히 알아 더는 배울 게 없다는 자세와, 모르는 것에 초조해하는 자세다. 후자의 경우는 이미 많은 걸 보고 배웠는데도 자신은 여전히 부족하다고 생각해 나타나는 현상이다. 사실 이 두 현상 모두 잘못된 것이다. 무언가를 배운다는 건 좋은 일이지만, 사람에게 부여된 시간과 정력은 한계가 있다. 그러므로 자신이 좋아하는 것, 도움이 되는 것을 배우는 편이 가장 좋다.

✦ 한밤의 조언

모든 걸 다 안다는 사람에게 배우지 말며, 아무것도 모르는 사람과도 함께 배우지 마라.

어떤 사람은 사랑이 사람을 변하게 한다고 한다.
하지만 나는 사랑을 하면 다른 사람과의 교류를 통해
그동안 내재되었던 자신의 모습을 발견하게 되기 때문이라고 본다.
이를테면 원래는 타인을 돌보는 걸 좋아한다든가, 또는 뭐든 제 뜻대로 하려는
통제광Control freak이라든가 하는 사실을 알게 될 수도 있다.

일상에서
감정에 맞춰
춤추기

—— 아름답고 원만하게,
하지만 허상에는 속지 않는 삶

"내가 좋아하는 사람은 나를 받아주지 않고,
나를 사랑하는 사람은 내가 받아주기 싫어요.
남들은 인연을 잘만 만나던데, 난 왜 이럴까요?
용감하게 한 발 앞으로 나가 고백해야 할까요?"

마음이 가는 대로, 오면 오는 대로 가면 가는 대로,
억지로 매달리지 말아요.
여러분도 미묘한 감정의 왈츠를 출 수 있답니다!

나를 좋아하는 사람과 내가 좋아하는 사람,
늘 어려운 선택

J는 정말 예쁘고 성격도 좋은데 남자친구가 없다. 어느 날 그녀가 나를 찾아와 답답한 심경을 토로했다. 자신이 좋아하는 사람에게 몇 차례 고백도 해 봤지만, 그때마다 '너에게 관심이 없다'라는 대답이었다는 것이다. 게다가 아는 친구로부터 최근에 고백한 그 남자에게 여자친구가 생겼다는 이야기까지 들어 더 우울해했다. 그녀의 고민을 듣고 나는 이렇게 물었다.

"그러면 너는 관심이 없는데 너한테 고백한 사람은 있지?"

그녀가 웃으며 대답했다.

"교수님, 정말 족집게시네요. 네, 이상하게도 저는 그 남자한테 아무 관심이 안 생겨요."

내가 홀로 좋아하는 누군가가 있거나, 나를 좋아해주는 누군가가 있다. 이 상황에서 내가 직면한 문제는 둘 중 누구를 선택하느냐가 아니라, 사랑을 통해 자신이 바라는 게 무엇인지 아는 것이다. **다시 말해, '좋아한다'와 '좋아하지 않는다'만 기준으로 삼지 말라는 뜻이다. 누군가와 막상 사귀기 시작하면, 좋아한다는 마음은 내가 생각했던 것만큼 큰 영향력을 발휘하지 못한다.** 그런데도 그 하나의 기준만 붙잡고 늘어진다면, 설령 좋아하

💡 더 쓸모 있는 심리학 연구

사랑에 관해 이상한 정의를 내리는 로맨스 영화

현대인 중 상당수가 이상적인 연애 상대가 없다고 생각한다. 그런데 사람들이 이렇게 생각하도록 만든 데에는 로맨스 영화의 잘못도 있다. 로맨스 영화에 등장하는 사랑에 관한 묘사를 두고 분석한 연구가 있다. 연구에 의하면, 이 세상에 하나밖에 없는 영혼의 짝에 대해 강조한 경우가 38퍼센트, 현재의 연인보다 더 완벽한 연인이 나타날 것임을 역설한 경우가 30퍼센트, 권태기를 극복하게 해주는 건 오로지 사랑뿐이라고 묘사한 경우가 25퍼센트였다.

그리고 사랑이 무엇인지 배우려는 사람은 영화처럼 이상적인 사랑을 하고 싶다는 생각이 비교적 강한 것으로 나타났다. 하지만 현실에서는 영화에서처럼 이상적인 상대를 찾을 수 없어 제대로 된 연애를 하지 못한다는 것이다.

는 사람과 사귀게 되더라도 그 관계를 오래 지속하지 못할 수 있다. 나이가 어릴 때는 감정이 제일 중요하다고 생각한다. 하지만 **나이가 들고 세상을 더 많이 경험하게 되면, 감정은 사람과 사람이 함께 있도록 해주는 연결고리 중 하나일 뿐이란 걸 차츰 깨닫게 된다.**

천천히, 상대를 알아갈 기회

누군가를 좋아하고 사랑하는 감정이 언제나 첫 만남 때부터 강하게 오는 건 아니다. 누군가의 소개로 부부의 연을 맺은 사람들은 결혼한 후부터 서로를 알아간다. 그래서 운이 좋은 경우는 정말로 서로를 사랑하게 되지만, 그렇지 못한 경우는 아이 때문에 어쩔 수 없이 결혼생활을 유지하기도 한다.

나를 좋아하는 사람이 있다면, 내가 원하는 것을 상대방이 줄수 있는지 자문자답해 보자. 만약 그렇다는 생각이 들고 그 사람이 정말 싫은 게 아니라면, 상대방에게 기회를 주고 만나보는 것도 괜찮다. 어찌 되었든 탐색 차원에서 사귀어 보는 것이고 사귄다고 해서 꼭 결혼까지 하란 법은 없으니 말이다.

매력적인 한 여성을 짝사랑하던 친구가 있었다. 그 여성은 조건도 좋아 적지 않은 남자들로부터 구애를 받았다. 친구는 그 여성이 자신에게 호감이 있는 거 같기도 하고, 그렇지 않은 것 같기도 하다는 것이다. 그러던 어느 날, 짝사랑하는 여성의 취미가 등산인 걸 알고 그녀에게 매주 같이 등산 데이트를 하고 싶다는 마음을 고백했다. 그녀는 한동안 고민하며 머뭇거리다가 그의 고백을 받아주었다. 일 년 후 둘은 결혼했으며 지금은 둘 사이에 아이까지 하나 있다. 너무 순식간의 일이라 어리둥절할 정도였다.

결혼한 뒤 나는 그녀에게 물어보았다.

"매주 산에 가겠다는 것 때문에 결혼한 건 아니죠?"

그녀는 당연히 아니라면서 둘 사이에 있었던 일을 이야기해주었다.

"호감이 있기는 했지만 남녀 간의 그런 감정은 아니었어요. 하지만 썸을 타면서 누군가와 함께 등산을 하는 것도 나쁘지 않겠다는 생각이 들었어요. 그렇게 몇 번 같이 산에 다녀보니, 서로 잘 맞는다는 걸 알게 됐어요. 그래서 결혼까지 생각하게 되었죠."

헤어짐도 만남만큼 중요하다

연애 기간이 좀 되었는데도 불구하고 호감 상태에서 서로 감정이 더 이상 깊어지지 않고 있다면 계속 만나야 할까, 아니면 이 정도에서 정리를 해야 할까? 참으로 어려운 문제다. 오래 만나며 숙성기를 거쳐야 하는 관계가 있는 반면, 짧은 만남으로 끝내야 하는 관계도 있기 때문이다.

하지만 어찌 되었든 자신만의 손절 기준은 세워 놓아야 한다. 이때 전에 사귀었던 사람을 매우 좋아했다는 가정하에 그와 있었던 일을 기준으로 삼되, 지금 만나는 사람에게는 그 기준을 살짝 하향 조정해 적용해 보는 것도 좋다.

예를 들어 전에 사귀었던 사람은 사귄 지 한 달쯤 지나 가장 친한 친구에게 남자친구를 소개했다. 그런데 지금 사귀고 있는 사람은 두 달이 지난 후에 친구에게 애인으로 공개하겠다고 마음먹었다. 그런데 정해 놓은 날짜가 다가올수록 강한 불안감이 생긴다면 지금 사귀는 사람에게는 애정이 그다지 쌓이지 않는다는 의미다. 또한 관계를 지속시켜 나갈 가능성이 크지 않으므로 결별을 결정해도 된다는 신호다. 단, 헤어질 때는 진정성 있는 모습을 보여야 한다. 서로 맞지 않는다는 걸 알게 되었을 뿐이라고, 진심으로 미안해하고 있음을 상대가 느낄 수 있게 표현해야 한다.

연인 관계를 시작하기 전에 상대방을 좋아하는지 외에도 내가 이 관계를 통해 무엇을 바라는지도 잘 생각해 보자. 물론 연인이 될 사람을 향한 나의 감정이 제일 관건인 건 맞지만, 온전히 서로의 감정에만 기댄 채 관계를 지속하려 한다면, 이러한 관계는 쉬이 도전에 직면하게 될 수 있다.

✦ 한밤의 조언

사귀고 싶은 사람을 아직 못 찾은 것 같다면, 사실은 아직 사랑할 준비가 안 된 것이다.

언제, 어디서,
어떻게 고백해야 할까?

누군가를 짝사랑했지만 그 사람에게 단 한 발짝도 다가서지 못한 경험이 다들 한 번쯤은 있을 것이다. 그러다가 짝사랑하던 사람이 다른 사람과 사귀게 되는 걸 지켜본 경험도 있을 것이다. 그렇게 계속해서 망설이기만 하는 이유는 무엇일까? 좋아한다고 말했다가 그 사람과의 관계가 영영 깨질까 봐 염려가 되기 때문일 수 있다. 그렇다면 지금이 고백할 적기인지 어떻게 알 수 있을까?

어느 네티즌이 상담 메일을 보내왔다. 지금 두 명을 마음에 두고 있는데, 한 명은 자신에게 살짝 호감이 있는 것 같고, 다른 한 명은 자신이 일방적으로 짝사랑하는 대상이다. 객관적인 조건만 놓고 보면 자신이 짝사랑하는 상대가 조금 더 나은 편이다. 그렇다면 이 둘 중 누구에게 고백하는 게 좋을까?

둘 중 한 사람이 나에게 호감이 있더라도, 그것만으로 나와 상대방이 안정적인 관계가 될 수 있는 건 아니다. 사람은 누군가와 사귀기 전에는 상대방에 대해 환상을 갖는 경향이 있다. 하지만 막상 사귀고 나면 그 환상들이 하나둘 깨지기 시작한다. 따라서

더 쓸모 있는 심리학 연구

남자와 여자 중 고백을 먼저 하는 쪽은 주로 누구일까?

우리는 남자가 여자보다 더 쉽게 고백한다는 고정관념이 있다. 이와 관련해 오스트레일리아, 브라질, 칠레, 콜롬비아, 프랑스, 폴란드, 영국 이렇게 7개국을 대상으로 실시한 연구에서 다음과 같은 결과가 나왔다. 프랑스를 뺀 나머지 6개국에서는 남자가 고백하는 경우가 확실히 더 많았다. 하지만 고백 후 감정 반응은 성별에 따라 차이가 있었다. 이 밖에도 개인의 애착 상태가 어떤지에 따라 고백받았을 때의 느낌도 영향을 받는다고 한다. 회피 애착 성향이 높은 사람은 고백받는 걸 싫어했다. 불안 애착 성향이 높은 사람은 고백받는 걸 좋아했다. 하지만 애착 성향이 고백 선호도에 미치는 영향은 성별이 다르다고 해서 차이가 나지는 않았다.

고백했을 때 성공할 수 있을 것 같다는 느낌만으로 누군가를 선택해 사귀자고 하면 안 된다.

사람은 무언가를 절박하게 원할 때 쉽게 성공할 수 있는 쪽을 선택하려 한다. 그러므로 상대방의 어떤 점이 나에게 매력적으로 다가오는지 반드시 따져봐야 한다. 그렇게 하지 않고 고백한다면, 설령 성공하더라도 둘의 관계는 지속시키기 어려울지도 모른다.

내 안에 숨은 나를 발견하는 오묘한 경험, 사랑

남학생 F는 누군가에게 쉽게 빠져들기는 하지만 매번 혼자 좋아하기만 할 뿐 선뜻 고백은 하지 못했다. 연애해 본 경험이 없어서 자기감정의 확신조차 없어서였다. 그러다 좋아하던 상대에게 애인이 생기면, 그는 애써 "괜찮아. 다른 사람을 좋아하면 되지 뭐!"라는 말로 자신을 다독였다. 이런 유형의 사람은 어떻게 해야 악순환에서 벗어날 수 있을까?

연애 경험이 없는 사람은 고백이라는 그 한 발을 내딛기까지 정말 많은 용기가 필요하다. 나는 이 남학생에게 자신의 심장을 빠르게 뛰게 하고 얼굴을 후끈 달아오르게 만드는 사람이 나타난다면 그 사람이 첫사랑이니 용감하게 고백하라고 했다.

연애에서는 이성의 뇌를 가동해 분석하기보다는 감성의 뇌가 처리하도록 놔두는 편이 더 낫다. 뇌과학에서 찾아낸 여러 증거만 보더라도 나와 상대방 간의 친밀도를 잘 알 수 있게 해주는 건 무심코 한 행동이다. 그리고 일부 연구에서도 팔과 다리의 동작이 상대방을 향한 진실한 태도를 더 잘 반영하는 것으로 나타났다. 한편, 감성으로 처리해야 하는 부분도 있어야겠지만, 상대방과 한발 더 나아간 상호작용을 하는 관계가 되려면 적어도 내가 상대방을 정말로 좋아하는지를 이성적으로도 살펴보자.

생각이 많을수록 감정에 도움이 되는 것은 없다. 실제로 행동으로 옮겨보고 상처도 받아봐야 비로소 성숙해진다!

사실 나는 좋아하는 사람이 생기면 직접 고백해서 부딪쳐 보길 권한다. 요즘 사람들은 자의식이 강한 편이라 실패를 두려워해, 불확실성이 높은 연애에 대해서는 주저하는 편이다. 특히나 반드시 결혼해서 아이를 낳아야 한다는 생각이 없어 굳이 연애라는 귀찮은 일로 자신의 인생을 괴롭히려 하지 않는 것 같다.

연애를 하면 당연히 그에 상응하는 대가를 치러야 한다. 그리고 자신의 생활 리듬도 많든 적든 영향을 받게 된다. 하지만 연애를 한다는 건 자신에 대해 몰랐던 점을 알 수 있는 좋은 기회로 내가 원래 어떤 가치관을 중요하게 여기는지, 또 어떤 건 전혀 대수롭지 않게 생각하는 사람인지 알 수 있는 기회가 되기도 한다.

친구 M은 자신의 이상형 여성은 외향적이며 야외 활동을 좋아해야 한다고 말했다. 그런데 지금 그는 작가와 연애 중이다. 그래서 나는 이상형과 먼 것 같은데 어떻게 사귀게 되었는지 물어보았다. 그러자 자신도 처음에는 의외였다고 한다. 예전의 자신은 야외 활동을 해야 비로소 자신이 살아 있다는 느낌을 받았는데 지금은 야외 활동을 해야만 존재감을 생생하게 느낄 수 있는 건 아님을 알게 되었다는 것이다. 그래서 이제는 여자친구와 함께 독서하고 이야기를 나누는 게 일상이지만 그는 그것만으로도 정말 행복하다고 말했다.

어떤 사람은 사랑이 사람을 변하게 한다고 한다. 하지만 나는 사랑을 하면 다른 사람과의 교류를 통해 그동안 내재되었던 자신의 모습을 발견하게 되기 때문이라고 본다. 이를테면 원래는 타인을 돌보는 걸 좋아한다든가. 또는 뭐든 제 뜻대로 하려는 통제광^{Control freak}이라든가 하는 사실을 알게 될 수도 있다. 그러니 내 안에 숨겨진 나의 다른 모습을 알기 위해서라도 용감하게 연애에 도전하길 바란다!

미련을 놓아버려야 가슴에 새로운 사랑을 담을 수 있다

여학생 H에게는 친하게 지내는 남사친이 있다. 사실 그녀는 오래전부터 마음속으로 그를 좋아했지만 그에게는 사귀는 여자친구가 있어서 자신의 마음을 꼭꼭 감춰둬야만 했다. 그러던 중 최근에 그가 여자친구와 헤어져 그녀에게도 기회가 찾아왔다. 하지만 그녀는 고백했다가 거절당하면 둘 사이가 껄끄러워질 것만 같아 고백하는 걸 망설이는 중이었다.

나는 그녀에게 그 남자의 존재가 얼마나 소중한지 자기 자신에게 물어보라고 했다. 그리고 그를 잃기 싫다는 생각이 들면, 계속 친구로 남아있는 편이 리스크가 상대적으로 낮다고 말해주었다. 지금은 서로 호감이 있겠지만 사람의 감정이란 건 늘 똑같을 순 없고 언젠가는 풍파를 맞아 기복이 생기기 마련이다. 그러니 나중에 서로 감정이 안 좋아져 헤어지게 되면, 그때부터는 껄끄러운 사이가 될 수도 있다.

세상 사람 중 일부는 연만 닿을 뿐 그 이상의 관계로 발전하지 못하는 경우가 많다. 중국의 유명 소설가 장아이링의 『반생연半生緣』에 등장하는 구만젠과 선스쥔처럼 서로 가장 적절한 시기에 헤어져 나중에 둘 다 혼자가 되었는데도 결국에는 서로에게 돌아가지 못하는 사랑처럼 말이다.

좋아하는 사람과 연인이 될 수 없음을 받아들이는 것도 일종의 해탈인데, 이는 좋은 해탈에 속한다. 게다가 상대방에게 미련이 남아있지 않아야 그 사람을 진심으로 축복해줄 수 있으며, 둘 사이의 관계도 편해질 수 있다. 더 중요한 건 미련을 놓아버려야 가슴에 새로운 사랑을 담을 수 있다는 사실이다!

삶을 통찰하는 찰나의 생각

어떤 상대를 만나고 싶은지 생각해 보자. 어떻게 해야 그러한 사람과 만날 수 있는지, 또 어떻게 해야 알고 지내던 그(그녀)와 관계를 더 가깝게 할 수 있는지 진지하게 계획을 세워보자. 단번에 성공하리란 보장은 없다. 하지만 성심성의껏 추진해 나가다 보면 나는 언젠가 더 나은 사람이 되어 있을 것이다. 그러니 솔로라면 일단 내 자신부터 멋진 모습으로 살아갈 계획을 짜고 실천해 보자.

✦ 한밤의 조언

고백이란 포장된 선물을 열어보는 것과 같다. 고백하기 전에는 잔뜩 기대감에 부풀어 있지만, 고백한 후에는 실망할 수도 있다.

감정을 잴 수 있는 저울이 있다면
세상은 불행해질 것이다

　대학원 수업을 받는 학생이 며칠 전에 상담받고 싶은 일이 있다며 메일을 보내왔다.

　그에게는 교제한 지 3개월 된 여자친구가 있다. 그는 여자친구를 많이 좋아하고 서로 관계도 매우 좋은 편이다. 그런데 여자친구와 관련해 유독 신경 쓰이는 게 하나 있었다. 바로 데이트 비용 전액을 그에게만 부담하게 하는 것이었다. 그는 교제 초반에는 별일 아니라고 생각하고 넘겼지만, 그렇게 한 달 두 달이 지나고 나니 주머니가 가벼워지고 말았다. 그래서 데이트 비용 지불 문제를 두고 여자친구와 솔직하게 대화해 보고 싶었지만, 잘못하다가는 헤어질 것만 같아 망설이고 있는 중이라는 것이다.

그런데 불만이 있음에도 계속 마음을 숨기다가 언젠가 싸움이라도 나는 날에는 결국 이 문제는 터지고 말 것이다. 그도 이런 위험한 상황만큼은 일어나지 않기를 바라는 중이다.

어디서 많이 들어본 사연 같지 않은가? 데이트 비용을 지불할 때 내가 더 많이 내야 할까, 아니면 상대방이 더 많이 내야 할까? 그렇다면 이 둘 중 이득을 보고 있는 건 어느 쪽일까? 사람 간의 모든 상호 작용에서 이득을 보는 게 어느 쪽인지는 계산해서 명확히 알아낼 수 있는 게 아니다.

🔆 더 쓸모 있는 심리학 연구

친밀한 관계의 공평성

『나의 시각으로 보기: 공평한 사랑과 결혼을 위해Try to See It My Way: Being Fair in Love and Marriage』의 저자인 미국의 가정심리학자 자넷 힙스Janet Hibbs 박사는 친밀한 관계란 건 일반적인 회계 시스템 방식에 대입해 본다고 해서 알 수 있는 게 아니라고 했다.

또한 친밀한 관계에서 공평성이란 서로 주고받는 탄성평형을 이르는데, 이때 평형은 연인 간 관계가 어떤 상황에 처해 있는지에 따라 결정된다고 했다. 다시 말해, 친밀한 관계에서는 소위 객관적인 공평함이란 건 있을 수 없으며, 자신과 그 상대방만이 둘의 관계가 공평한지 아닌지를 결정할 수 있다는 것이다.

친구 관계만 보더라도 누가 누구에게 더 잘하고 있는지는 명확히 알 수 없다. 그래서 친구 사이에서는 상대방이 정말로 잘못하고 있는 것 같으면 대개는 그 사람과 점점 멀어진다. 그리고 친구를 이렇듯 비교적 쉽게 잘라낼 수 있는 건 아무래도 선택지가 더 많아서일 수 있다.

하지만 감정적으로 의지할 수 있는 대상을 만나는 건 그리 쉬운 일이 아니어서 연인과 언제든 마음 내킬 때 헤어지려는 사람은 분명히 없을 것이다.

두 사람 사이에 있었던 일은 둘이 서로 인정했다면 아무 문제가 없다. 하지만 상황이 변하면 각자의 주관적 기준에 따라 서로 인정하고 용인하던 것이 더는 그렇게 되지 않을 수 있다. 예를 들어 갑자기 어느 한쪽이 실직하거나 부와 권력을 쥐게 되었을 때 기존에 유지하고 있던 평형에 균열이 갈 수 있는 것이다. 두 사람 간의 평형이 무너지면, 관계에도 충격이 가해진다. 그래서 서로 장거리 연애 중이어서 언젠가는 같은 지역에서 살기를 바라는 연인일지라도 막상 한 도시에서 살게 되면 오히려 서로 충돌하는 일이 잦아질 수 있다.

장기간 연애한 사람들은 서로 기대하는 것도 바뀐다. 열애기熱愛期 때처럼 만난 지 며칠인지 꼬박꼬박 확인하며 기념일 같은 건 챙기기 힘들다. 그런데 이러한 변화로 둘 사이의 관계가 위기에 빠졌다고는 볼 수 없다. 대부분의 연인이 시간이 지나면 자연스레 이와 같은 평형 상태가 되는 것이다. 그러므로 커플 사이에서는 특정한 기준 하나만 가지고 공평함을 논할 수 없다. 그리고 둘 중 누구든 자신이 정해 놓은 기준만큼 상대방이 충족시켜주지 못하면 결국에는 실망하기 때문에 연인과의 관계에서 '기대감'을 품는다면 언젠가는 관계로 인해 고통스러워진다는 걸 알아야 한다.

또한 연인 간의 관계가 절대 사제 관계처럼 되어서는 안 된다. 사제 관계에서는 스승이 기준을 제시하면 학생이 기준을 충족시키기 위해 노력하는데, 연인 사이에서는 이러한 일이 있을 수도 없고 있어서도 안 된다. 연인 간의 관계는 창업한 파트너처럼 공동의 목표를 향해 함께 노력하는 사이가 되어야 한다. 서로 결혼하기로 약속한 사이가 아닐지라도 공동의 목표를 세우는 일은 반드시 필요하다.

나를 사랑해야 진심으로 상대를 사랑할 수 있다

며칠 전, 둘째 아이가 갑자기 질문을 해왔다.

"아빠, 안 힘드세요? 아빠는 돈도 벌고 우리 밥도 해주시는데 엄마는 아무 일도 안 해도 되니 전 나중에 아빠가 아니라 엄마처럼 될 거예요."

둘째 아이의 말에 나는 좀 난처해졌다. 내가 집에서 일을 좀 많이 하는 건 맞지만, 그렇다 해도 아내 역시 적잖은 부분을 책임지고 있었다. 아내는 나와 아이들이 잠든 후에 집안일을 한다. 그래서 아이는 엄마가 고생하는 모습을 보지 못해 아빠만 일하는 것으로 알고 있었던 것이다.

사람은 타인이 무언가를 해주는 부분에 대해 잘못된 판단을 하는 경우가 있다. 이는 어쩌면 상대방이 모르게 하고 있기 때문일 수도 있다. 또 어쩌면 상대방은 일을 도와주는 중인데 정작 도움을 받는 당사자는 그걸 알아차리지 못했기 때문일 수도 있다.

사람은 자신에게 없는 건 잘 알아차리는 반면, 이미 지니고 있는 건 잘 모를 때가 많다. 그러니 상대가 나에게 충분히 잘하는 것 같지 않다는 느낌이 들어도 성급하게 상대방을 나무라지 않았으면 한다. 대신 마음을 차분히 가라앉히고 상대방이 나를 위해 무엇을 해주었으며, 그동안 나는 그것들을 너무 당연시해온 건 아닌지 스스로 물어봐야 한다. 이는 나와 상대방이 서로에게 해준 것을 비교해 보며 내가 얼마나 더 잘했는지 찾아내란 뜻이 절대 아니다. 핵심은 상대가 해준 것들을 당연시하지 말고 그것들을 사랑의 증거로 이해해야 한다는 것이다.

남편이 대기업 이사인 K에게 "남편이 맨날 바빠서 함께할 시간이 별로 없을 것 같은데, 넌 그런 남편이 어때?"라고 물어보았다.

그녀는 젊었을 때는 일하느라 함께해주지 않는 남편 때문에 많이 서운하고 속상했는데 지금은 남편이 가족을 위해 열심히 일한다는 것을 이해한다고 했다. 그녀 또한 아이를 키우는 틈틈이 문화 예술 관련 공부도 하고 사회봉사 활동도 하며 시간을 보내다 보니 예전보다 더 성숙해졌다는 것이다. 그리고 상대방의 자주적인 결정들을 존중해주며 함께하지 못한 시간만큼 서로 애틋하고 그만큼 다양하고 재밌는 일도 많다고 했다.

누군가를 사랑하면 자기 자신도 함께 사랑할 줄 알아야 한다. 우리는 관계 속에서 이 점을 쉽게 잊는다. 배우자에게 한 약속만 지킬 생각을 하지 자신도 함께 챙겨야 한다는 걸, 나 역시 책임져야 할 게 조금 더 많아졌다는 건 잊고 산다.

부디 모두가 연인을 사랑하는 동시에 자기 자신을 사랑하는 것도 잊지 않기를 바란다.

인간은 다양한 방식을 동원해 사회를 '공평'하게 만들려 하지만, 이 세상에 진정으로 공평한 것은 없다. 감정의 세계에서는 더욱 그렇다. 따라서 공평함에 집착한다면 실망만 할 수 있다. 그렇다면 자신이 충분히 사랑받았는지, 또 상대방을 충분히 사랑해주었는지 스스로에게 물어보자. 만약 그렇다고 대답할 수 있다면, 원망 같은 건 할 필요가 없다.

✦ 한밤의 조언

만약 감정의 세계를 재는 단위가 '진심'이라면, 우리는 그에 맞는 저울을 평생 찾지 못할 것이다.

장거리 연애의 문제는
'장거리'가 아니다

　예전에는 연애를 하려면 반드시 자주 만나야 했다. 하지만 과학 기술의 발달과 코로나 팬데믹으로 인한 사회적 거리 두기는 현대인들이 꼭 매일 같이 만나야만 연애를 할 수 있는 게 아님을 알게 해주었다. 그런데 서로 얼굴을 자주 보지 못하는 상황에서도 과연 성공적으로 관계를 잘 유지할 수 있을까?

　연인관계인 여성 S와 남성 L은 경주용 자동차 클럽에서 알게 되었다. 그런데 대부분의 시간을 온라인상에서 연애해 그런지 둘은 어쩌다 한 번 만나는데도 그때마다 늘 다툼이 일었다. 작년 봄방학 때도 마찬가지였다. 두 사람은 여행을 가기로 한 날 타이

완 남부에 있는 열대 식물 공원 컨딩[♥]에서 만나기로 약속했다. 그런데 L은 고속철을 놓치는 바람에 반나절이나 늦게 약속 장소에 도착하고 말았다. 그는 연신 미안하다고 말했지만, S는 승차 시간을 착각했다는 그의 해명을 오히려 자신에 대한 무신경으로 받아들이고 의심하기 시작했다.

그녀는 그에게 말도 걸지 말라는 듯 굳은 얼굴로 3박 4일을 지냈다. 그렇게 유쾌하지 않은 여행을 마치고 고속철도역에서 서로 작별 인사를 하려는데, 문득 양심의 가책을 느낀 S는 미안하다고 화해의 제스처를 건넸다. 그러자 L은 씁쓸하게 웃으며 다음에 보자는 말만 남기고 떠나 버렸다.

그녀는 그의 썩 달갑지 않은 반응에 좀 걱정이 되었다. 그렇지만 다행히도 그는 돌아가는 길에 그녀에게 메시지를 보냈고, 그렇게 둘은 다시 대화의 물꼬가 트여 한동안 메시지를 주고받았다. 그런데 두 사람의 대화는 마치 요 며칠 전혀 싸운 적이 없던 사람들처럼 화기애애했고 그녀에게는 그의 다정함이 진심으로 다가왔다. 그리고 S는 여행 내내 자신이 굳은 얼굴로 지냈음에도 그가 헤어지자는 말을 꺼내지 않아 마음속으로 안도의 한숨을 내쉬었다. **하지만 다른 한편으로는 온라인상에서는 이렇게나 서로 잘 지내는데 직접 만나기만 하면 으르렁대는 둘의 관계가 과연 오래갈 수 있을지 걱정이 되었다.**

S의 사연을 듣는 내내 나는 아내와 연애할 때가 떠올랐다. 우리는 대학원 동기였지만, 졸업해 학교를 떠난 후부터 사귀기 시작했다. 그래서 주말에만 서로 만날 수 있었기 때문에 초기에는 장거리 연애 비슷한 걸 한 셈이었다. 그렇게 드문드문 데이트를 하다 보니 서로에게 익숙하지 않아 충돌하는 경우도 많았지만, 시간이 흐르면서 서로 좋아하는 마음이 커졌다. 그 후 나는 영국으로 유학을 떠났고 2년 동안 우리는 반년에 한 번 정도만 만날 수밖에 없었다. 그러던 중 크게 말싸움이 났는데, 그때 내가 욱해서 "그럼 우리 헤어져!"라고 소리쳤지만 다행히도 아내가 정말 이성적으로 잘 대처해주었다. 그리고 얼마 후 우리의 장거리 연애는 끝이 났고, 서로 자주 만나게 되면서 더욱 깊은 애정을 쌓을 수 있었다.

그렇더라도 우리는 한동안 서로에게 적응하는 연습을 해야 했다. 그리고 솔직히 결혼한 지 벌써 십여 년이 지났지만, 우리 부부는 아직도 여전히 서로의 변화에 적응하는 중이다.

헤어질 커플은 어떤 것이든 원인이 될 수 있다

우리가 장거리 연애 중에도 헤어지지 않을 수 있었던 건, 아내가 잘 참고 이해해주고 넘어갔기 때문일 수 있다. 그리고 **우리가 관계를 이어갈 수 있었던 건, 내 생각으로는 거리와는 크게 상관**

이 없었다. 물론 처음부터 장거리 연애가 아닌 연인이라면, 데이트 형식이 바뀌는 건 일종의 도전일 것이다. 그렇지만 장거리 연애를 시작한 후 상대방을 향한 감정이 식어버리는 이유는 자주 만나지 못해서가 아니다. 오히려 각자의 삶에 많은 변화가 일어나기 때문이다. 그래서 두 사람 사이에 시차가 생기면, 자주 연락하더라도 예전과 다르게 잘 맞지 않는 부분이 생기고 또 그로 인해 서로가 감정적으로 멀어지게 되는 것이다. 마치 둘 중 한쪽이 먼저 졸업한 캠퍼스 커플처럼 말이다. 캠퍼스 커플 중에는 어느 한쪽이 먼저 졸업해 사회에 나가 직장 생활을 시작하는 경우가 많다. 그러면 사회생활을 하는 쪽에서 가치관이 변해 연인 사이가 깨지는 경우가 종종 일어난다. 장거리 연애를 하는 것도 아니고 매일 만나 연애를 하는데도 말이다.

만약 연애 초기부터 장거리 연애를 했는데 결국에는 헤어졌다면, 대개는 물리적 거리 때문에 결별한 게 아니다. 거리 탓을 하는 건 단순히 합당해 보이는 이유를 끌어다가 결과를 합리화하는 것에 불과하다.

물론, 일부러 더 자주 만나고 부딪혀야 사이가 더 돈독해진다고들 한다. 나도 이 말이 완전히 틀렸다고는 생각하지 않는다.

연인이 함께 있는 동안 일어나는 신체 생리적인 반응은 서로의 관계를 끈끈하게 이어주는 데 유익하다. 하지만 이미 관계가 취약해질 대로 취약해졌다면, 두 사람은 함께 있더라도 신체 생리적인 반응이 아주 약하게 일거나 거의 일지 않을 수 있다. 이는 둘 사이의 관계가 매우 위험해졌다는 신호다. 그러므로 연인과 함께 있는데 신체 생리적 반응이 아주 약하게 나타난다든가, 또는 다른 사람을 봤을 때 신체 생리적인 반응이 오히려 더 강하게 인다면, 두 사람은 조만간 헤어질 예정이라고 생각하면 된다.

☀️ 더 쓸모 있는 심리학 연구

장거리 연애에서 더 크게 영향받는 쪽은 여성이다

한 연구에서 솔로와 커플, 그리고 연인과 한 도시에 거주하는지 여부를 가지고 피실험자들의 타액 속 테스토스테론 농도를 측정해 봤다. 그 결과 남성은 연인이 있으면 성호르몬인 테스토스테론의 농도가 비교적 낮았으며, 연인과 같은 도시에 사는지 여부에는 영향을 받지 않았다. 반면 여성은 연인과 같은 도시에 사는 경우 솔로나 장거리 연애를 하는 경우보다 테스토스테론 농도가 낮았다. 이는 장거리 연애를 할 때 남성보다 여성이 더 크게 영향을 받는다는 걸 알려주는 결과다. 그러므로 장거리 연애를 하는 여성은 남성과 사귈 때 심리적인 측면에서뿐만 아니라 생리적인 측면에서도 충격을 받을 수 있음을 염두에 두어야 한다.

온라인으로 안전하고 편안하게 소통하기

장거리 연애 중이라면 온라인상에서 소통할 수밖에 없다. 그런데 온라인으로 소통할 때는 서로가 서로의 몸짓을 제대로 볼 수 없어 정보를 고스란히 전달하기도, 전달받기도 힘들다. 따라서 내가 생각하는 바를 더 정확히 전달할 수 있도록 최선을 다해야 한다. 그리고 의사소통이 원활하지 않으면 조바심이 날 수도 있으므로 감정을 조절하는 연습도 해야 한다.

어찌 되었든 나의 생각과 감정을 제대로 전달하려 해도 듣는 사람 입장에서는 제대로 이해할 수 없는 경우는 늘 발생한다. 또한 상대방에게 정보가 온전히 전달되지 않으면, 말하는 사람의 진심이 왜곡될 수도 있다. 그렇기 때문에 소통과 의미 전달이 원활하지 않은 것 같으면 욱해서 짜증을 내거나 화내지 말고 차라리 시간을 들여 차근차근 확인하는 과정을 거쳐야 한다.

요즘은 메타버스의 발전으로 온라인상 만남에서도 장점을 느낄 수 있게 됐다. 드라마나 영화에 속속 등장하는 가상현실 기술만 봐도 우리는 언젠가는 만족할만한 온라인 환경에서 서로 연락하고 만날 수 있게 될 것이다.

글로벌화와 코로나 팬데믹의 영향으로 우리는 원거리에서 사람들과 교류하는 데 차츰 익숙해지고 있다. 이때 온라인으로 연락할 때 느끼는 부족한 점을 메우려 하기보다는 온라인을 통한 상호작용의 가치를 어떻게 해야 확대할 수 있는지 생각해 봐야 한다. 그러면 온라인으로 소통할 때 친밀감을 높이는 방법도 함께 해결될 수 있을 것이다. 미래에는 인공지능 시스템을 따르고 안드로이드와 연애하는 사람도 적지 않을 것이기 때문이다.

그러니 자신이 연애하는 데 극복할 수 없는 방해 요인이 나타났다고 해서 불만을 품을 게 아니라, 내가 연애를 통해 얻고자 하는 게 무엇인지 스스로 물어보고, 그것을 얻기 위해 동원할 방법이 무엇인지 생각해야 한다.

✦ 한밤의 조언

장거리 연애에서 실패한 연인은 서로 꼭 붙어 지냈다 하더라도 헤어지는 건 시간문제였을 것이다.

죽도록 사랑해도,
함께 사는 건 죽을 만큼 힘들다

　서로 데이트할 때는 정말 사이가 좋았는데, 약혼하거나 결혼하고 나면 애정이 식는 커플을 종종 봤을 것이다. 그리고 평소 친하게 지내던 친구인데 함께 여행을 다녀오거나 같은 그룹에서 일하고 나면 서로 남남이 되는 경우도 보았을 것이다.

　호주로 워킹 홀리데이를 떠난 제자 P가 있었다. 그녀에게 호주 워킹 홀리데이는 대학을 졸업하면 고등학교 때의 절친과 함께 가기로 마음먹고 있던 인생 계획이었다. 이에 나는 그녀가 출국을 앞두고 있을 때 절친과의 관계가 틀어질 수도 있으니 조심하라며 주의를 주었다. 그때는 괜한 소릴 한다며 그녀에게 핀잔까지 들었지만, 결국 그 둘은 나의 예상대로 멀어지고 말았다.

함께 면접을 보러 갔는데 영어를 잘하는 P만 채용되어 그때부터 둘 사이에 금이 가기 시작했다. 면접에서 떨어진 친구는 기분이 많이 상했고, 서로 생활 방식도 달라서 그 간극이 갈수록 벌어지기만 해 결국 둘 사이의 우정도 차츰 식어갔다고 한다.

다툼의 이유는 오만 가지도 넘는다

친구든 연인이든 함께 생활한다는 건 단순히 친구 사이로, 또는 단순히 연인 사이로 지내는 것보다 훨씬 어렵다. 그 이유는 함께 있는 시간이 늘어나면 그만큼 안 좋은 모습을 더 많이 보여주고 또 볼 수밖에 없는데, 그것들을 받아들일 준비가 서로 안 되어 있기 때문이다. 그래서 서로 방귀를 틀 정도가 돼야 정말 친하다고 말할 수 있다는 말은 참으로 일리 있는 말이다.

또한 생활 속에서 서로 겹치는 부분이 많다면, 여러 부분에서 권리와 의무 문제가 발생할 수 있다. 사소하게는 누가 설거지를 해야 하는가를 두고, 심각하게는 누가 이사를 나가야 하는가를 두고 서로 의견 충돌이 일 수 있다.

얼마 전에 인터넷 게시판을 보다가 어느 주부가 올린 글을 보았다. 거금을 들여 남편에게 부츠를 사주었는데 남편이 싫어한다는 내용이었다. 그녀의 하소연에 대한 여론은 일방적으로 그녀의 편을 들어주며 남편이 이기적이라고 비난했다. 그러자 그녀의 남편이 직접 해명 글을 올렸고, 그 게시물을 기점으로 분위기가 반전되었다. 남자는 예전에 신던 부츠가 낡고 헤져 새것이 필요했으며 자신도 가사 분담에 동참하고 서로의 어려움을 함께 나누며 생활하고 있는데, 비싼 부츠가 좀 부담스러웠던 것이며 무작정 아내를 무시할 바보는 아니라고 했다. 이 같은 글이 올라오자 사람들은 남편을 동정하기에 이르렀고, 그의 해명도 일리가 있다고 생각했다.

이처럼 부부 사이에서는 경제적인 이유 때문에 갈등이 이는 경우가 많다. 따라서 함께 살기 시작했을 때 아예 규칙을 정해 놓지 않으면, 금전에 대한 가치관 차이로 서로 사이가 벌어질 수도 있다.

나의 기대와 상대방의 기대를 맞춰가는 것이 사랑이다

나는 아내와 장기 연애 후 결혼했다. 연애 기간 중 3년은 장거리 또는 그 비슷한 상황에서 연애하느라 둘이 제대로 함께 있을 수 있었던 시간은 그리 많지 않았다. 그런데도 그녀가 결혼 상대로 나를 선택한 이유는 나중에 안 사실이었지만, 내가 영국에서 공부하는 동안 아내에게 있어 내가 의지해도 될 대상으로 느껴졌었다는 것이다. 영국에서 지내는 동안 나는 금전적으로 여유가 없어서 그녀를 비싼 레스토랑에 데려간 적이 거의 없었다. 대신 직접 음식을 만들어주며 나중에도 자주 요리를 만들어주겠노라 말했었다. 그녀는 오래도록 함께 있고 싶은 사람으로 안정감을 주는 사람을 원했고, 때마침 내가 그녀에게 든든한 어깨가 되어주고 있어서 그녀는 깊은 사랑을 느낄 수 있었다고 한다.

사람은 저마다 원하는 사랑법이 있다. 그러므로 자신이 연애는 잘하는데 이상하게 예식장 문턱은 못 넘는다고 한탄하기보다는 자신이 어떤 식의 애정을 추구하는지부터 알아야 한다.

어떤 사람들은 연애할 때의 달콤한 느낌만 원할 뿐 영원히 함께 사는 건 원치 않으며, 이러한 자신의 기호를 명확히 알고 있다. 만약 이 같은 연애관을 지닌 사람과 사귀게 된다면, 혼자서 더 열심히 사랑해 놓고 우리 둘이 이렇게나 좋아하니 영원히 함께할 것이라는 환상에는 빠지지 말아야 한다. **물론 두 사람의 관계가 연인으로 그칠지, 아니면 한 가족이 될지는 첫 만남부터 예견할 수는 없다. 그러므로 연애 초기에는 내가 기대하는 것과 상대방이 기대하는 것이 무엇인지 똑똑히 알아둘 필요가 있다.**

서로 기대하는 게 다르면 헤어져야 할까?

연인 관계이지만 두 사람 모두 비혼주의자라면 문제가 없다.

자기통제를 잘할수록 관계의 질을 높일 수 있다

연인 간 관계의 질은 서로의 특질로부터 영향을 받는다. 여러 연구에서도 특질이 비슷할수록 관계의 질을 높이는 데 도움이 되는 것으로 나타났다. 그리고 한 연구에서는 자기통제Self-control라는 특질에서 '친구 사이, 연인 사이, 부부 사이'를 막론하고 두 사람의 자기통제 정도의 합이 높을수록 서로에 대한 평가가 더 긍정적인 것으로 나타났다.

그렇다면 나와 비슷한 특질을 지닌 짝을 찾는 데 애쓰기도 해야 하지만 상대방과 바라던 관계가 되기 위해, 그리고 그 관계의 질을 높이기 위해 어떤 종류의 특질이 필요한지도 생각해 보아야 한다. 연구 결과에 따르면, 자기통제가 높은 사람이 배우자의 상태에 적응하려 하고 협조를 구하려 하기 때문에 양쪽 모두 자기통제가 높으면 이는 최상의 관계라고 보았다.

그런데 한쪽은 결혼하고 싶어 하고 다른 한쪽은 연애만을 원한다면, 관계 지속 여부를 결정할 때 신중할 필요가 있다. 계속 함께하고 싶다면, 어느 한쪽은 무조건 양보해야 하기 때문이다. 만약 두 사람이 즐겁게 연애만 하고 사이좋게 헤어지기로 합의를 보았다면 제법 괜찮은 선택을 한 것이다. 하지만 연애하는 동안 어느 한쪽에서 나 혼자만 맞춰주는 것 같다고 생각하기 시작하면, 결국에는 건강하지 못한 관계가 될 수밖에 없다. 아마도 연애 초기에는 '내가 이 사람을 사랑하니까 좀 희생하는 것도 괜찮아!'라며 자기 최면을 걸며 참을 것이다. 하지만 이 같은 희생은 하루 이틀로 그치지 않고 10년, 20년, 심지어는 평생 해야 할 수도 있다. 따라서 언젠가는 곪은 게 터지기 마련이다. 물론 양쪽에서 모두 받아들일 수 있는 절충안을 함께 찾아볼 수도 있으며, 이는 결코 불가능한 일이 아니다.

드라마 「이상한 변호사 우영우」에서는 자폐 스펙트럼이 있는 여자 주인공이 남자 주인공에게 단호히 결별을 선언하는 장면이 나온다. 자신으로 인해 남자가 주변에서 압박을 받는 걸 보았기 때문이다. 남자 주인공은 둘 사이를 고양이와 집사의 관계에 빗대며 자신이 외로울 순 있겠지만, 그래도 많이 행복하니 헤어지지 말자고 말한다. 그러자 여자 주인공은 고양이도 집사를 사랑하니 둘이 서로 헤어지지 말자는 달콤한 화답으로 남자를 받아준다.

드라마는 현실보다 아름답게 그려지긴 했지만, 그래도 **연인 간에 관계를 유지하려면 양쪽이 공감대를 형성하는 게 최우선**임을 잘 보여주었다.

나는 왜 제대로 된 사람을 못 만나는 걸까?

연애할 사람을 원하든, 결혼할 사람을 원하든 '나는 왜 제대로 된 사람을 못 만나는 거지?'라며 푸념을 하는 사람들이 있다. 만약에 자신이 정말로 이와 같은 의문이 든다면, 자신의 행동과 기대하는 바가 서로 일치하는지부터 살펴보자.

삶을 통찰하는 찰나의 생각

드라마 「더 원The One」에서는 유전자 매칭으로 진정한 사랑을 찾는 미래 사회가 등장한다. 한 여성이 자신의 진정한 사랑의 대상자가 지금의 남편이 맞는지 검사를 받는다. 검사 결과 남편은 그녀의 진정한 사랑이 아닌 것으로 판명되고, 그때부터 이들의 관계는 틀어지기 시작한다. 그런데 이들의 사이가 나빠지게 된 진짜 이유는 여자의 오해 때문이었다. 남편이 진정한 사랑과 바람이 났다고 생각했다.

이 세상에 자신과 가장 잘 맞는 사람이 있을 거란 생각은 할 수 있다. 하지만 그 사람을 만나지 못했다고 해서 불행해지는 것은 아니다. 물론 관건은 자신이 어떻게 마음을 먹느냐에 달렸지만 말이다.

✦ 한밤의 조언

남편은 맛없는 한 끼를 차려줘도 기꺼이 식사를 할 수 있다. 당신이 맛있는 밥상을 차려주었다고 해서 남편이 당신과 오래오래 함께 살고 싶어 한다고 생각하면 안 된다.

첫 만남에서 상대방이 바라는 게 무엇인지 단번에 알 수는 없지만, 앞서 언급한 것처럼 나의 상태부터 점검해 보면 상대방과 관계를 발전시키는 데 도움이 된다. 그런데 또 막상 관계를 발전시키고 싶어도 어떻게 해야 하는지 잘 모를 수 있다. '왜 나만 제대로 된 상대를 만나지 못할까' 하는 이러한 고민에 대한 답도 찾고 싶을 것이다. 그런데 자신이 직면한 진짜 문제는 **'나는 어떤 사람이며, 연인과 어떤 관계가 되고 싶은지 제대로 모른다는 점'**이다. **연애는 자신에 대해 제대로 아는 가장 좋은 방법이며, 관계를 통해 자신의 진짜 모습을 발견할 수 있다.**

사랑하지 않음에도
시간만 끄는 연인들을 위한 처방

　내가 상대방을 더 이상 사랑하지 않는다는 걸 판단할 수 있을까? 어느 날 문득 상대방을 사랑하지 않는다고 느꼈더라도 사실 그 징조는 몇 달 전부터 신호를 보내고 있었다. 이미 의식 속에 씨앗이 묻혀 있었고 그것이 싹을 틔우고 자라나고 있었던 것이다.

　우리는 무언가를 좋아할 때 그것이 사람이든 사물이든 상관없이 실제로는 외부 자극으로부터 쉽게 영향을 받는다. 일례로 사람들과 잡담하는 중에 언급된 내용만 가지고도 특정인에 대한 자신의 호불호가 정해지기도 한다. 그렇게 주변 상황에 좌우되어 어느 한쪽을 선택했는데, 나중에 더 이상적인 선택지가 나타나면, 우리는 그제야 비교 과정을 거쳐 예전 선택이 정말로 좋아서 한 게 아니었음을 깨닫게 된다.

그렇다면 인간의 기호란 게 이렇듯 쉽게 영향을 받는 거라면, 내가 연인을 정말로 사랑하고 있는지 어떻게 판단할 수 있을까?

1. 예전에 그(그녀)를 왜 사랑하게 되었는지 이유를 돌이켜 본다.
2. 당시 근거로 삼았던 이유 중에 변한 것이 있는지 스스로 질문한다.
3. 나의 상태에 변한 것이 있는지 잘 살펴본다.

이 3단계 과정을 적용해 꼼꼼히 살펴본다면, 지금 사귀는 사람에 대한 자신의 태도가 정말로 변했는지 제대로 알 수 있다. 물론 신체 생리적 반응도 기준으로 삼을 수 있다. 하지만 나는 조금 유보적인 입장이다. 신체 생리적인 반응을 통해서도 직감적으로 알아낼 수 있다는 사실을 부정하는 건 아니지만, 잘못된 방향으로 원인을 돌릴 수 있어 이상적인 방법은 아니라고 생각한다. 따라서 내 몸이 여전히 지금의 연인을 사랑하고 있다고 반응하는 것 같으면, 그때 가서 내 감정이 어느 쪽인지 결론을 내리면 된다.

대뇌는 사랑이 식었다는 사실을 미리 알고 있다

연인을 대상으로 진행한 실험에서 피실험자에게 기능적 자기공명영상
Functional Magnetic Resonance Imaging 장치 속에서 애인의 사진과 다른 사람
의 사진을 보도록 했다. 그로부터 40개월이 지난 후 연구진은 피실험
자였던 연인들이 여전히 사귀는지 조사하는 한편, 그 결과를 토대로 그
룹을 나누었다.

그랬더니 현재 헤어진 연인 그룹은 '예전의 실험'에서 애인 사진을 봤을
때 대뇌가 비교적 덜 활발하게 반응했다. 그 말인즉슨, 실험에 참여했을
당시 그들은 자신의 애인에게 그리 강렬한 감정은 느끼지 못했다는 것
이다. 물론 대뇌가 강렬하게 반응한다고 해서 반드시 더 많은 정보를 처
리한다는 뜻은 아니지만, 이 연구를 통해 결별과 계속 사귀는 것 간에는
생리적인 문제도 저변에 깔려 있음을 알게 되었다.

더 이상 그 어떤 사랑도 남아있지 않다면 과감해져야 한다

상대를 더 이상 사랑하지 않는다고 판단이 되었을 때는 상대
방에게 일찌감치 알려야 한다. 그런데 이 같은 결정은 조금 무책
임해 보일 수 있다. 따라서 책임감 있는 결정이 되도록 하려면,
우선은 상대방을 사랑하지 않는 원인부터 찾아보아야 한다. 그
리고 개선할 여지가 있어 보이면 원인을 제거하도록 노력한다.
가령 상대방을 사랑하지 않게 된 이유가 '함께 있는 시간이 줄어

들어서'라고 한다면, 함께 있는 시간을 조금이라도 더 늘리도록 노력해 본다. 그런 후 자신의 태도에 변화가 있는지 살펴보자. 그런데 문제는 일단 사랑하지 않는다는 생각이 들면, 자신의 태도를 개선해 보려 해도 그리 쉽게 되지는 않는다.

헤어짐에 있어서 결별을 통보해야 할 때는 자신의 솔직한 감정 상태를 알리고 자신이 하고 싶은 말만 할 게 아니라 상대방에게 말할 기회를 충분히 주어야 한다. 그렇지만 이때 상대방이 희망이나 미련을 갖도록 여지를 두어서도 안 된다. 그리고 반드시 직접 만나 대화를 나누는 것이 좋다. 적어도 명확한 이유도 없이 문자 한 통으로 결별을 통보해서는 안 된다. 상대방이 영문도 모른 채 일방적으로 결별을 통보받는 느낌이 들게 해서는 안 된다는 말이다. 직접 만나서 대화를 해야 양측 모두 서로의 의사를 제대로 전달할 수 있다. 또한 두 사람이 함께 한자리에서 서로 속에 있는 말을 털어놓아야 결별을 당한 쪽이 나중에 적응기를 가질 때 그나마 도움이 된다.

연인은 아니어도 좋은 친구는 될 수 있다

앞서 내가 과감하게 결별하라고 한 건 더는 연인으로 지낼 수 없는 부분을 표현한 것이고 절대 헤어진 연인이라고 해서 왕래까지 끊어버리란 뜻은 아니다. 연인으로 남을 수 없다고 해서 친구까지 되지 말라는 법은 없다. 다만 서로 친구로 남을 생각이라면, 상대방이 재결합할 가능성이 있는 것으로 오해하지 않도록 균형을 잘 잡아야 한다.

나도 한때 '아슬아슬한 선을 지킨 적'이 있었다. 그때 우리는 둘 다 서로를 정말 중요한 친구로 생각했던 것 같다. 그래서 서로 연인이 될 수 없다는 이유로 친구로도 남을 수 없는 사이는 되고 싶지는 않아 둘 다 선을 넘지 않으려 노력했다.

만약에 자신이 결별 후 상대방을 단칼에 끊어내는 부류라면, 그것 때문에 자신이 나쁜 사람이라고 생각하면 안 된다. 사람과 사람이 함께한다는 건 자발적인 마음에서 우러나와야지 마지못해 이어가는 관계여서는 안 되기 때문이다. 그러므로 결별한 후에 더는 친구도 될 수 없겠노라 판단했다면, 굳이 자신을 괴롭힐 필요는 없다. 그리고 나중에 또 연이 닿아 만나게 되면, 그때 일은 그때 가서 생각하면 된다.

연인과의 관계를 끝내고 나면 분명 상처를 입는다. 장기 연애를 한 경우라면 더더욱 그렇다. 사람과 사람이 함께한다는 건 오며 가며 만난 사람 중 몇몇이 당신과 손을 잡고 함께 앞으로 나아간 것이다. 그런데 어느 순간 더는 함께 나아갈 수 없다는 걸 알아차렸다면, 앙금이 남지 않게 좋은 이별이 되도록 애써야 한다. 그래야 두 사람 모두 마음의 상처를 덜 수 있다.

✦ 한밤의 조언

내려놓을 줄 모른다면, 언젠가 자신이 원하던 사람을 만나게 되더라도 마음으로 그 사람을 받아들이지 못하게 된다.

그는 나의 반평생을
함께할 사람일까?

발달심리학 과목을 강의할 때 학생들에게 졸업 후부터 노년까지의 '인생 계획표'를 써내라고 한 적이 있었다. 내가 담임 교수를 맡은 반에서 진행한 것이어서 학생들에 대해 잘 알고 있던 나는 그들의 계획표에서 재밌는 사실을 발견했다.

반에는 캠퍼스 커플 세 쌍이 있었다. 그런데 커플 여섯 명 중 그 누구도 당시 사귀던 사람을 미래의 아내 또는 남편으로 적어 놓지 않았다. 심지어 한 학생은 현재의 애인이 나중에 결혼할 상대는 아닌 것 같다고 써 놓기까지 했다. 학생들이 제출한 인생 계획표에는 개인의 사생활과 관련한 내용이 많아 수업 중에 공개 토론 자료로 사용하지는 않았다. 하지만 나중에 이들 커플과 개인적으로 이야기를 나누게 되었을 때 왜 현재 사귀는 사람을 계획표에 넣지 않았는지 그 이유를 물어보았다. 그때 한 학생은 좀 사귀었다고 서로 잘 맞는지 어떻게 아느냐며 오히려 반문했다.

인생 계획표를 쓰게 한 날로부터 2년이 흐른 지금, 그때의 커플들은 여전히 잘 사귀고 있을까? 한 학생은 지금의 연인이 중요한 존재이길 바라지만, 결혼을 논하기엔 시기상조라고 했다. 타이완의 평균 결혼 연령이 30살인데 그들의 나이가 겨우 22살인 걸 감안하면 결혼을 결정하기까지 아직 충분한 시간적 여유가 있다.

그렇다면 상대방이 나의 남은 반평생을 맡겨도 될 사람인지 어떻게 확인할 수 있을까?

현재의 연인이 이전 연인보다 못하다고?

상담을 요청한 Q에게는 사귄 지 1년 된 남자친구가 있다. 그녀는 지금의 남자친구가 딱히 싫지는 않다. 그런데 이상하게도 그와 전 남자친구를 비교하게 된다. 그녀는 전 남자친구와 결혼까지 생각했었지만, 시간이 갈수록 서로 맞지 않는 부분이 많아 결국에는 헤어졌다. 그런데도 그녀는 두 사람을 비교하며 현 남자친구가 과거의 남자만 못한 것 같다는 생각에서 빠져나올 수가 없었다. 그러던 중 남자친구에게 로맨틱한 청혼을 받았고, 그녀는 분위기에 취해 바로 승낙해버렸다. 그런데 집에 돌아와 흥분을 가라앉히고 생각해 보니, 과연 현 남자친구와 결혼하는 게 맞는지 또 망설여지기 시작했다. 그래서 지금 그녀는 도무지 어떻게 해야 좋을지 갈피를 못 잡는 중이었다.

적잖은 사람이 현 애인과 전 애인을 비교한다. 30년 전 빌 게이츠도 멀린다와 결혼하기 전에 전 여자친구에게 의견을 구했고, 그녀가 적극적으로 찬성해주어 멀린다와 결혼하기로 했다고 한다. 그래서 최근 일부 매스컴의 가십난에서는 빌 게이츠와 멀린다가 이혼하게 된 원인 중 하나가 빌 게이츠의 전 여자친구라는 기사가 실리기도 했다.

사람마다 장단점이 있다. 그런데도 현 애인을 전 애인과 비교하면서 굳이 단점을 찾아내려 하고 있다면, 차라리 전 애인에게 돌아가는 편이 더 낫지 않을까? 전 연인과 헤어졌을 때는 다 나름의 이유가 있었을 것이다. 그러므로 자신이 현 애인과 전 애인을 비교하기 시작했다면, 예전에 왜 결별했는지부터 떠올려보기를 바란다. 그리고 당시 헤어지게 된 원인이 개선되지 않았다면 다시 잘 되기는 어차피 어려운 사이다.

연인 사이에서 제일 중요한 건 불만을 억누르지 않는 것이다. 마음에 들지 않는 감정을 계속 쌓아두기만 하다가 어느 날 갑자기 폭발시키면, 상대방 입장에서는 황당할 수밖에 없다. 전에 불만을 토로할 기회가 분명히 있었는데도 그간 언급도 하지 않다가 싸움을 걸어오니 억지로 끌어다가 구실로 삼는 것처럼만 보인다.

나는 Q에게 다음과 같이 조언했다.

'현 남자친구의 어떤 점이 불만인지 자신에게 물어보라. 무엇

💡 더 쓸모 있는 심리학 연구

결혼 생활에 따른 행복감의 차이

각기 다른 형태의 커플들을 대상으로 진행한 조사에서, 특히 결혼과 동거를 놓고 비교했을 때 두 사람의 약속이 굳건할수록 행복감도 높아지고 몸도 더 건강한 것으로 나타났다. 하지만 추적 조사를 해 보니, 이와 같은 효과가 영원하지는 않았다.

여성은 결혼 전에 행복감이 최고조에 달했고 남성은 결혼 직후에 행복감이 최고조에 달했다. 그런데 연구진은 결혼이 행복감을 높여주는 주요 원인은 결혼 그 자체 때문이 아니라, 행복감이 비교적 높은 사람이 결혼을 선택했기 때문이라고 말한다. 그리고 이런 까닭에 사람들은 결혼하면 행복감도 높아지고 몸도 건강해진다고 오인하게 된 것이라고 지적했다.

이 불만인지 찾았다면, 남자친구에게 말해 보고 그에게 고칠 의향이 있다면 그때 가서 결혼하기로 마음먹어도 늦지 않다. 그런데 말로만 고치겠다고 말한 것일 수 있으니 반드시 실제 행동으로 옮기는지 확인한 후 그와 결혼할지 결정해라. 남자친구와 결혼하기로 정했다면, 왜 이 사람과 결혼했는지 자신에게 상기시켜라. 그리고 더는 예비 남편을 다른 사람과 비교하면 안 된다. 비교는 쓸데없는 짓일 뿐이며, 중요한 건 결혼할 사람이 자신이 원하던 사람이고 자신과 잘 맞는지의 여부다.'

세상에 완벽한 결혼 생활이라는 건 존재하지 않는다

사랑하는 연인이 있는 R에게 그녀의 친구가 궁금해서 물어보았다.

"남자친구와 나중에 결혼할 거니?" 그녀가 말했다.

"남자친구를 많이 사랑하기는 하지만 그와 결혼하면 힘든 결혼 생활을 하게 될 것 같아. 그와 결혼은 하고 싶지 않아."

그 말에 친구는 씁쓸한 기분이 밀려 올라오면서 이런 생각이 들었다.

'결혼은 나를 사랑해주고 내가 사랑하는 사람과 하는 게 아닌가? 뭘 더 고려해야 하는 거지?'

R의 친구가 단순한 걸까, 아니면 R이 너무 이리저리 재고 따

지는 걸까?

사람은 저마다 결혼 생활에 대한 환상이 있다. 그런데 그 환상은 자신이 나고 자란 집안 환경으로부터 영향을 받는다. R은 어쩌면 힘든 가정사를 겪었을 수도 있다. 그래서 남자가 집안을 잘 건사하지 못하면 가족이 고생한다는 생각을 하게 되었을 것이고, 이런 이유로 그녀는 자신을 고생시키지 않을 사람과 결혼하고 싶다고 대답했을 것이다. 한편으론 먹고살 걱정을 하지 않을 수만 있다면 애정 없는 결혼도 상관없다는 여지를 열어둔 것일 수도 있다.

사람마다 결혼에 기대하는 바가 다르다. 그러므로 결혼을 통해 기대하는 것을 상대방이 충족시켜줄 수 있다는 판단이 들었을 때 결혼할지 말지를 고려해야 한다. 다만 **아무리 아름다운 결혼 생활일지라도 부족한 부분은 늘 있다는 건 알아야 한다. 만약 완벽한 결혼 생활이 보장되기 전에는 못 한다고 버틴다면 결혼과는 평생 연이 없을 수 있다.**

자신을 책임지는 건 자신이어야 한다

예전에는, 특히 여성에게는 믿을만한 사람에게 자기 인생을 맡기는 게 정말 중요했다. 하지만 양성평등이 이루어지고 여성의 권익이 증진된 오늘날에는 자신을 누군가에게 맡겨야 한다는 개념은 조금 고루한 생각이 되었다. 비록 이러한 변화가 세계 각국의 혼인율을 떨어뜨리는 원인 중 하나로 작용한 것 같지만 말이다.

사실 남녀를 불문하고 제대로 된 친밀한 관계를 '조건 없이 상대방에게 나를 맡기는 것', 또는 '조건 없이 상대방을 받아주는 것'으로 생각하면 안 된다. 이런 관계는 이상적인 상태에서나 꾸릴 수 있다. **따라서 누군가와 친밀한 관계가 조성되었다고 해서 나의 부족한 점이 무조건 메워질 것으로 기대하면 안 된다.** 물론 일부 친밀한 관계에서는 양측의 심리적 에너지를 모두 올릴 수는 있다. 하지만 긍정적인 상태에서 더 긍정적인 상태가 되는 것이지, 부정적인 상태에서 보통의 상태가 되지는 않는다.

삶을 통찰하는 찰나의 생각

시대적 가치관의 변화로 가정을 꼭 이루어야 한다는 관념이 점차 옅어지고 있다. 이로 인해 혼인율과 출생률도 덩달아 하락했다. 그런데 비혼이나 미혼임에도 아이를 낳고 싶어 한다면, 혼인율 하락은 그리 심각한 문제는 아닐 수 있다. 하지만 사람들이 결혼도 출산도 하지 않으려 한다면, 이는 관심을 가져야 할 사회적 큰 문제이다.

✦ 한밤의 조언

자기 자신에게 기대는 건 좋은 일이다. 그런데 당신이 누군가의 든든한 기댈 곳이 되어주고, 그 누군가도 당신의 든든한 기댈 곳이 되어준다면, 그건 더 없이 멋진 일일 것이다.

결혼 준비로 이미 결혼이
지긋지긋해진 예비부부들

제자가 학교로 찾아왔다. 그녀는 조건도 좋고 대학 재학 때는 여러 명과 연애할 정도로 인기도 많았다. 그런데 졸업하고 여러 해가 지났는데도 여전히 졸업 전에 사귀던 사람과 교제 중이라는 것이다. 그녀는 이제 제법 나이도 찬 터라 아직 결혼할 생각이 없느냐고 물었더니 "교수님, 하필이면 제가 제일 말하기 싫어하는 걸 물으시네요."라며 하소연을 늘어놓기 시작했다.

그녀는 진작에 남자친구로부터 청혼을 받은 터였다. 하지만 선뜻 그러겠노라 대답하지 못했다는 것이다. 그녀네 집은 자유로운 분위기인 반면, 남자친구네는 그렇지 못해서였다. 남자친구는 그녀에게 걱정하지 말라며 결혼하자마자 분가해서 살 것이니, 계속 자유롭게 살 수 있다고 그녀를 달랬다. 그런데 그녀에게 또 다른 걱정거리가 생겨버렸다. 그녀는 어렸을 때부터 친한 친구들을 바닷가로 초청해 석양이 비추는 해변에서 야외 예식을 올리는 게 로망이었다. 하지만 남자친구의 가족들도, 그녀의 부모님도 그녀가 세운 결혼식 계획을 반대해 그녀는 이 생각만 하면 맥이 쭉 빠져버리는 것이다.

결혼식도 난관이지만 그보다 더 중요한 것이 있다

나는 그녀에게 결혼 예식을 두 번 진행하는 것도 괜찮을 것 같다고 제안했다. 한 번은 그녀의 바람대로 하고, 나머지 한 번은 양가 부모님 뜻을 따르는 것도 비용 부담이 있기는 하지만 서로의 바람을 충족시켜줄 수 있는 방법이 될 수 있다. 그녀가 잠시 망설이더니 그 방법이면 결혼식을 하고 싶긴 하다고 말했다. 그러면서 그녀가 지금의 남자친구와 장기간 연애를 할 수 있었던 건 그가 그녀에게 가장 잘 맞는 사람 같고, 또 그녀의 마음속에서 정말 중요한 위치를 차지하고 있어서라고 했다. 그러면서 둘이 이대로 변함없이 지낼 거라면 무엇하러 형식적인 예식까지 올리며 세상에 '우리 결혼했어요!'라고 알려야 하는지 모르겠다며 씁쓸해했다.

나도 젊은 시절에는 그녀와 같은 생각이었다. 대학생이었을 때는 결혼은 절대 안 하겠지만, 아이는 가질 수 있을 것으로 생각했다. 아내가 결혼에 집착하지 않았다면, 나는 어쩌면 결혼을 안 했을 수도 있다. 그래도 다행인 건 아내가 결혼은 꼭 해야 한다고 집착하기는 했어도 특정 형태의 예식은 고집하지 않아 우리는 무난히 결혼할 수 있었다. 만약에 결혼식 형태가 아내에게는 중요한 관문이요, 나에게는 난관이었다면, 과연 우리가 결혼할 수 있었을지 의문이다.

　누구나 한 번쯤 자신이 하고 싶은 결혼 예식에 대해 이런저런 상상을 펼쳐봤을 것이다. 하지만 막상 결혼식을 마치고 시간이 흘러 결혼하던 날을 돌이켜 보면, 가장 감명 깊고 인상 깊게 남는 건 혼례가 성대한 잔치가 될 수 있도록 참석해준 축하객들이다. 물론 넓은 모래사장이 펼쳐진 곳에서 멋진 풍광을 배경으로 혼례를 올려도 훌륭한 자연경관이 뇌리에 깊이 남겠지만, 그런 건 꼭 결혼식을 치러야만 맛볼 수 있는 감동은 아니다. 하지만 많은 사람이 결혼식을 축하해주기 위해 한자리에 모여주었다는 건 절대 쉬운 일이 아니다. 나는 제자에게 돌아가 잘 생각해 보라며 다음과 같이 조언해주었다.

　'연인과 결혼할지 말지를 결정할 때 제일 관건은 두 사람 다 자신의 미래를 상대방과 평생 함께하고 싶다는 열망이 자신에게 있는지 생각해 보았는가다. 그러므로 결혼 예식의 형태도, 양가 집안의 사정도 어느 정도는 결정에 영향을 미치겠지만, 그래도 두 사람이 결혼을 결정하는 데 결정적인 영향을 주는 요소는 아니어야 한다.'

결혼은 부부가 될 두 사람만의 일이 아니다

본론으로 들어가기 전에 개념부터 확인하고 넘어가려 한다. **결혼식이라는 예식은 부부가 되는 두 사람을 위한 것이기도 하**

🔍 더 쓸모 있는 심리학 연구

결혼식 여부에 따라 타인의 태도가 달라진다

결혼 예식을 귀찮아하는 사람도 있다. 결혼은 두 사람을 위한 건데 무엇 하러 그 많은 사람을 동원해야 하느냐는 생각에서다. 미시적인 관점에서 보면, 혼례는 소수의 사람과 관련된 일이 맞다. 하지만 거시적인 관점에서 보면, 결혼식은 여전히 치를 필요가 있다. 결혼 예식이라는 것 자체는 많은 사람 앞에 두 사람의 혼인을 알리는 의식이다. 또한 두 집안이 남남에서 사돈 관계가 되었음을 다른 사람들에게 신속히 알리는 방편이기도 하다.

결혼식의 신성함이 해를 거듭할수록 약해지고 있기는 해도, 그래도 현 단계에서는 결혼식을 했는지 여부에 따라 주변 사람들의 태도와 시선이 달라질 수 있는 것이다.

지만 양가 부모님을 위해 치르는 것이다. 양가 부모님이 다른 사람들에게 '이제 아이를 다 키웠으니, 우리는 그 공으로 이제 물러나렵니다.'라고 선언하는 의식이다.

만약 모두가 이처럼 생각한다면, '결혼식은 할 필요가 없다'에 대한 결정권은 예비부부가 아닌 양가 부모의 손에 달린 문제가 될 것이다. 하지만 이상하게도 대부분은 그렇게 생각하지 않으며 이로 인해 종종 부모와 자식 간에 충돌이 일기도 한다. 또 어떤 사람들은 자신이 기대하는 것과 부모님이 기대하는 것에 차이가 있어서 결혼식 자체를 피하려 하는 것 같기도 하다.

적잖은 사람이 조촐하게 결혼식을 올리고 싶어 한다. 결혼은 자신의 일이니 친한 친구들만 모아 놓고 축복받기를 바란다. 하지만 부모님은 사회적인 신분과 지위가 있으므로 자녀가 결혼식을 간단하게 해버리면 사회적인 안목으로 봤을 때 주변인들에게 상당히 큰 실례를 저지르는 일이 될 수 있다. 자녀의 결혼식이 부모님과 친분이 있는 사람들에게는 감사의 인사도 전하고 우정도 재확인하는 자리가 될 수 있기 때문이다.

연애에서 결혼까지의 길고도 머나먼 여정

Y는 남자친구와 전통적인 것에 얽매이고 싶지 않아 결혼식을 치르지 않기로 하면서 어머니와 깊은 갈등을 겪었다. 혼인 신고

는 하므로 법적인 권익도 보호받을 수 있는데 어머니는 결사 반대만 하셨다. 그녀는 좀 난감했지만 그렇다고 해서 부모님을 위해 결혼식을 치를 수는 없다는 말로 어머니를 설득했다.

부모라면 자식이 어디서든 손해 보지 않기를 바란다. 특히 딸이 결혼식도 올리지 못하고 남자와 살면, 평생 고생할 일만 남았다며 걱정하기도 한다. 그렇기 때문에 부모가 화를 낼 때는 부모 자신들의 기대감이 충족되지 않아서가 아니라 순전히 내 자식 걱정이 앞서서다. 따라서 이런 경우에는 무엇보다 부모에게 서로의 사랑에 대한 확신과 신뢰와 믿음을 심어주는 게 중요하다. 한편 부모가 한 치도 양보해주지 않을 것처럼 행동하기는 해도 실은 어느 선에서 물러나 줄지 다 정해 놓은 상태인 경우가 많다. 단지 완고한 척하며 자식이 어떻게 나오는지 관찰하는 것뿐이다.

솔직히 말해, 나도 결혼식을 준비하는 과정에서 '그냥 결혼식은 하지 말까?'라는 생각이 들었던 적도 있었다. 그런데 다행히 아내가 나서서 '조금만 더 힘내자!'라는 말로 일깨워주었다. 십여 년이 흐른 지금 결혼식을 준비하던 때를 돌이켜보니 정말 웃음만 나온다. 잘 살라는 의미로 기쁠 희喜 자를 여기저기 잔뜩 붙인 것도 그렇고. 그때 그 종이는 지금도 몇백 장이나 남아있다.

연애부터 결혼에 이르기까지의 과정을 말로 표현하라면 정말 힘들 것이다. 영화 「원 데이One Day」에는 참으로 멋진 대사가 나온다.

'좋아하는 건 상대방의 장점을 보는 것이고, 사랑은 그 사람의 결점까지 받아들이는 것이다.'

누구는 결혼이 사랑의 무덤이라고 말하지만, 이는 결혼이 무엇인지 제대로 이해도 못 하고 하는 말이다. 그러므로 '결혼'이란 겉으로 보이는 결혼 생활이 아니라, 영화 대사처럼 삶의 부침이 오더라도 두 사람이 함께 견뎌내며 살아가길 바라는 것이어야 한다.

✦ 한밤의 조언

피로연을 해야 하는 이유는 결혼 축하 선물을 받기 위해서가 아니라, 부부가 되었을 때 받게 될 스트레스를 앞당겨 테스트하기 위해서다.

있는 그대로의 '나'를 바라보기

—— 타인의 기대에 휩쓸리지 않게
자아를 찾는 삶

"당신의 꿈은 무엇입니까?
당신은 어떤 포부를 품고 있습니까?
지금껏 남이 하는 대로만 따라 하지는 않았습니까?"

자아를 찾기 위해 방향을 설정하고 그 길을 따라가세요.
그리고 타인의 기대에 휘둘리지 마세요.
그러면 참된 자신을 발견할 거예요.

내가 '지금의 나'로 살기 위한
두 가지 길

2020년에 상영된 픽사^{Pixar} 애니메이션 「소울^{Soul}」에는 중학교 밴드부 교사 조가 주인공으로 등장한다. 그는 재즈에 푹 빠져 유명 밴드의 일원이 되는 게 꿈이었지만 오디션에서 번번이 떨어져 어쩔 수 없이 어느 학교의 음악 선생님으로 부임해 음악에 대한 열정도, 흥미도 없이 그저 아이들을 가르치며 지낸다.

그러던 어느 날, 조는 유명 재즈 클럽에서 연주할 기회를 얻는다. 하지만 뜻밖의 행운에 들뜬 것도 잠시, 결국에는 예상치 못한 사고로 세상을 떠나 영혼의 몸으로 또 다른 낯선 세상을 조우하게 된다. 영혼 상태인 조는 우연히 태어나기 전 영혼들이 모여 있는 '태어나기 전 세상^{The great before}'에 도착한다. 이곳의 영혼들은 정해진 교육을 마쳐야 원래의 세상으로 돌아갈 수 있는데, 조는 엉겁결에 관련 교육 과정에서 누차 탈락한 영혼 22의 멘토로 낙점된다.

이 작품이 단순히 여느 애니메이션과 비슷한 오락 거리를 제공한다고 생각하면 오산이다. 스토리 안에는 생각할 거리가 무궁무진하다. 그중에서도 '나는 어떻게 내가 되는가?'란 점에 주안점을 둘 수 있다.

내가 나일 수 있는 건 선천적, 후천적 요소 중 어느 것 때문일까?

애니메이션에서 태어나기 전 영혼들은 각기 다른 성격의 방으로 보내진다. 이는 '내가 나일 수 있는 이유'가 선천적으로 정해진다는 걸 보여주는 장면이다.

그런데 정말로 그럴까? 선천적으로 결정됐느니, 아니면 후천적으로 결정되느니 하는 논쟁은 발달심리학 Developmental psychology에서 주목하는 주제다. 특히 유전적으로 동일한 일란성 쌍둥이의 경우는 서로가 지닌 특성이 거의 일치하기 때문에 개인의 특성이 선천적 요소에 의해 영향을 받는다는 주장에 힘을 실어준다. 하지만 친생자와 입양자로 구성된 형제를 놓고 비교하면, 후천적인 영향도 간과할 수 없다. 친생자와 입양자에게 주어진 공통적인 조건은 선천적으로 부여받은 유전자가 아닌 오로지 후천적인 환경이기 때문이다.

　그렇다면 잔혹한 연구이기는 하나 1960년대에 아동심리학자인 피터 뉴바우어 박사가 진행한 실험을 살펴보자. 그는 갓 태어난 일란성 세쌍둥이를 사회적·경제적 배경이 완전히 다른 가정으로 입양을 보낸다. 또한 양부모에게도 그들이 입양한 아이가 세쌍둥이라는 사실을 밝히지 않은 채 주기적으로 가정방문까지 하며 아이들을 관찰한다.

　하지만 진상은 결국 드러나게 마련이다. 세쌍둥이 중 두 명이 같은 대학에 입학해 서로 만나게 되고 쌍둥이었음을 알게 된다. 이 일은 신문에 대서특필되었고, 나머지 한 명이 미디어에 등장한 자신과 똑같은 인물을 보고 찾아가 세 사람은 드디어 상봉하게 된다. 그동안 서로 분리되어 자라다가 한자리에 모인 삼 형제는 외모는 물론이고 취향까지 똑같았다.

　이는 선천적인 요소가 개인에게 미치는 영향이 중요하다는 주장을 뒷받침하는 사례다. 하지만 이들 세쌍둥이에게 결정적으로 다른 점이 있었다. 서로 자라온 환경이 다른 탓에 후천적으로 형성된 성격으로 인해 훗날 형제간에 불화가 일었고 이로 인해 셋 중 한 명이 우울증으로 생을 마감하게 된다. (다큐멘터리 「어느 일란성 세쌍둥이의 재회Three Identical Strangers」)

유전적인 요소가 학교 교육보다
성적에 더 큰 영향을 미칠까?

부모는 자녀가 좋은 학교에 입학해 우수한 교육을 받길 바란다. 하지만 영국에서 입학 시 선발 고사를 거쳐야 하는 좋은 학교와 그렇지 않은 학교 학생들을 대상으로 연구한 결과, 학교 유형과 상관없이 학생 개개인의 유전적인 차이로 나타났다. 다시 말해, 학습력이 뛰어난 아이들은 어떤 학교에서든 상관없이 두각을 나타냈다.

이는 선천적인 유전적 요소가 후천적인 학교 교육보다 성적에 더 큰 영향력을 발휘했음을 증명한다. 그러므로 자녀를 명문 학교에 보내는 데 집착하기보다는, 아이가 자신의 타고난 장단점을 알아가도록 도와주는 편이 더 나을 수 있다.

이 연구 외에도 다수의 연구 결과를 살펴보면, 개인의 특성은 단순히 선천적 또는 후천적 요소의 영향만을 받는다고 단정 지을 수 없다. 오히려 이 두 요소가 서로 얽히고 맞물려 동시에 영향을 미친다. 그런데도 나에게 어느 쪽이 더 큰 영향을 미치는지 콕 집어 답하라고 한다면, 개인적으로는 선천적인 면이 조금 더 큰 듯하다. 적어도 그간 관찰해 온 내 두 아들의 성격과 성장 과정에서 드러난 행동만 놓고 봤을 때도 그렇다. 아이들은 우리 부부 눈에도 신기할 정도로 어떤 면에서는 완전히 다른 성향을 보인다. 생후 한 달 동안만 봐도 둘은 매우 달랐다. 첫째는 잘 울지도 않고 조용했지만, 둘째는 엄마 아빠가 제 옆에 꼭 붙어있길 바라는 양 늘 관심을 끌려 했다. 게다가 각각 만 12살과 만 8살이 된 지금은 선천적인 요소가 더 많이 영향을 미치는 것 같다는 생각이 절로 들 정도로 둘의 성격 차가 뚜렷해졌다.

'선천'적인 건 바꿀 수 없으니 '후천'적인 노력으로 변화를 꾀해보자

유전병을 앓는 아주 소수의 경우를 제외하면, 누구나 후천적인 경험을 통해 자신이 지닌 특질[특질]을 바꿀 수 있다. **미국과 일본에서 장기간 진행한 추적 연구 결과에 따르면, 사람은 나이를 먹으면 성격이 바뀌는 것으로 나타났다. 연령이 올라갈수록 외향적인 정도, 신경질적인 정도는 줄어드는 반면, 친화성은 늘어났다.** 물론 이 연구 내용만으로는 나이와 경험 중 어느 쪽이 더 크게 작용했는지는 구분할 수 없다. 하지만 후천적인 경험이 개인에게 영향을 미친다는 점은 알 수 있다. 나이든, 경험이든 둘 다 선천적인 요소는 아니므로 후천적인 요소가 개인에게 영향을 미친다고 볼 수 있는 것이다.

타이완의 구족화가 양언뎬이 좋은 예다. 그녀는 양팔이 없는 채로 태어나 하마터면 삶의 기회조차 박탈당할 뻔했다. 그런 그녀가 180도 달라진 삶을 살게 된 건 장징궈 총통과의 만남 덕분이었다. 당시 만 세 살이었던 그녀는 보육원을 방문한 장 총통에게 이렇게 말했다.

"전 손이 없어요."

그러자 장 총통은 이렇게 말했다.

"손은 없지만 발이 있잖니. 발로도 많은 걸 할 수 있단다."

이 일을 계기로 그녀는 발을 쓰는 법을 열심히 익혔고, 마침내는 국제적으로 유명한 구족화가로 성장했다.

우리도 선천적으로 부족하게 태어났다는 불평은 이제 그만하고 뭘 더 노력해야 하는지나 신경 써야 하지 않을까? 다시 말해, 제 모습에 책임을 지려 노력해야지, 무작정 "난 원래 이 모양으로 태어나서 글렀어!"라고 한탄하며 선천적인 것만 탓하면 안 된다는 뜻이다.

동기부여에 관한 수많은 글을 보면 '하고자 하는 자는 반드시 이룬다'고 조언한다. 나도 어떤 경우는 쉼 없이 노력하면 성공할 수도 있다고 생각한다. 하지만 내가 10이라는 노력을 기울여야 하는 걸, 누군가는 1이라는 노력만으로도 더 큰 성과를 이룬다면, 굳이 그 일에 집착할 필요가 있을까? 천재 과학자 아인슈타인은 이렇게 말했다.

"나무 타는 능력으로 물고기를 평가한다면, 그 물고기는 영원히 자신을 바보로 알고 살아갈 것이다.

But if you judge a fish by its ability to climb a tree, it will live its whole life believing that it is stupid."

어쩌면 물고기도 노력을 거듭하면 나무에 기어오를 수 있을 것이다. 하지만 나무 타기 명수인 원숭이보다 더 빨리 나무에 오를 수는 없다. 그렇다면 굳이 나무에 오르려는 물고기가 되어야 할까?

✦ 한밤의 조언

사람은 저마다 자신에게 맞는 게 있다. 자신이 잘하지 못하는 걸 후천적인 노력을 기울여 할 수 있게 하기보다 자신이 타고난 천명天命을 찾아 그것을 제대로 발휘하는 데 시간을 써야 한다.

빨리 꿈부터 정하라고 닦달하는
사람들을 향한 쓴소리

어떤 이들은 삶의 포부를 확고히 정해 놓고 태어난 것만 같아 보인다. 호머 히컴Homer Hickam처럼 말이다. 호머 히컴은 소련의 위성 발사에서 영감을 받아 고등학교 때 집에서 미사일을 만들어보려 시도했다. 물론 집을 모조리 태워 먹을 뻔했지만 그의 열정은 꺾이지 않았다. 성인이 된 그는 자신의 바람대로 항공 우주 엔지니어가 되었다.

반면 어떤 이들은 자신이 대체 뭘 해야 하는지 잘 몰라 어려서부터 타인이 시키는 대로만 한다. 물론 이런 이들도 그 안에서 작은 성취 정도는 거둔다. 그리고 또 어떤 이들은 자신에게 필요한 게 무엇인지도 모르는 상태에서 하고 싶은 일만 하며 산다.

그렇다 보니 이들은 발이 묶인 것처럼 전혀 진전이 없는 삶을 살게 된다.

애니메이션 「소울」에 등장하는 주인공 조가 아주 어렸을 때부터 재즈를 좋아했던 건 아니다. 어느 날 아버지에게 강제로 끌려가 구경하게 된 재즈 클럽에서 밴드 공연을 보고 재즈란 음악에 매료된 것이 그를 음악인으로 살게 한 큰 동기가 되었다.

세상에는 자신의 꿈이 무엇인지 확실히 아는 사람은 정말 드물다. 주인공 조나 호머 히컴처럼 삶의 목표를 일찍이 깨달은 사람들의 영향력이 커져 누군가에게는 자신의 꿈과 포부가 무엇인지도 모르고 산 것이 마치 잘못인 양 느껴질 수도 있다.

포부니 꿈이니 하는 건 동양 문화권 사람들에게는 더 무거운 짐으로 작용하기도 한다. 시대가 바뀌어 가족보다는 개인을 위해 살아가는 시대에 살고 있음에도 아시아 사람들은 여전히 부모, 형제, 주위 사람들의 기대에 부응하기 위해 살아간다. 그래서 가문을 빛내고 조상님의 얼굴에 먹칠하지 않기 위해서라도 좋은 직장에 들어가고, 돈을 많이 벌어야만 한다고 생각한다.

이들 중 성공한 상당수는 자신의 꿈과 포부가 무엇인지 진지하게 고민하지 못한 채 이룬 결과가 많다. 결국 그들의 성공은 그저 주변에서 자신에게 기대한 바를 이룬 것에 불과하다.

포부는 일찍 정하는 것보다 계속 찾는 것이 더 중요하다

포부가 과연 무엇일까? 사전적으로 말하면 '미래의 계획이나 희망'이고, 쉽고 간단하게 말하면 '좋아하는 일을 찾아가는 것'이다. 그런데 어떻게 해야 자신이 좋아하는 일을 찾을 수 있을까? 포부는 무조건 일찍 정해야 하는 건 아니다. 하지만 찾는 걸 멈추어서도 안 된다. 뭘 해도 흥미 없는 채로 어영부영 허송세월하는 건 그야말로 허무한 일이다. 그러니 자신이 좋아하는 걸 계속해서 찾아야 한다. 어떤 일이 될지 모르지만 언젠가는 자신이 흥미를 갖고 관심을 갖는 일을 찾을 수 있다. 포부를 무조건 일찍 정해야 하는 건 아니라고 한 이유는 이르면 이른 대로, 늦으면 늦은 대로 장단점이 있기 때문이다.

「소울」의 주인공 조는 중학생이 되어서야 재즈 밴드에서 연주하고 싶다는 생각을 하게 되었고 그 후로는 온통 재즈 연주가가 되어야겠다는 생각뿐이었다. 이는 그가 음악적으로 발전하는 데는 긍정적으로 작용했지만 사고의 범위를 축소해 그의 삶에서 음악을 빼면 다른 건 아무것도 없도록 만들었다. 반면 영혼 22는 자신이 정말로 하고 싶은 게 뭔지 정하지 못한 상태였다. 하지만 오히려 그 덕분에 열린 마음으로 세상을 바라볼 수 있었으며, 설령 조의 몸에 빙의된 상태였을지라도 스스로 여러 가능성을 개척했다.

　세계 유수의 경제잡지 「포브스」의 발행인 리치 칼가아드^{Rich}
Karlgaard는 저서 『레이트 블루머: 나이를 뛰어넘어 잠재력을 발
휘하는 법^{Late Bloomers: The Power of Patience in a World Obsessed with Early}
^{Achievement}』에서 자신의 포부를 서둘러서 정하고 일찌감치 빛을
발해야 하는 건 아니라고 말했다. **'호기심, 탐색, 발견'이야말로**

🔅 더 쓸모 있는 심리학 연구

포부를 갖고 속도를 조절한다면 더 쉽게 성공할 수 있다

연말연시만 되면 너도나도 가히 이루기도 힘든 새해의 목표를 정한다.
그런데 관련 연구를 보면, 터무니없는 목표가 아닌 이상은 목표를 세우
는 것만으로도 목표 달성 확률이 크게 올라가는 것으로 나타났다. 만약
자신이 세운 목표를 완벽하게 지키는 것이 불가능할 것 같으면 목표에
달성하기 위한 진척 상황을 꾸준히 모니터링해 보자. 이 역시 목표를 달
성하는 데 도움이 된다. 관련 연구에서도 목표를 정하는 게 목표 달성에
비교적 크게 영향을 미치는 것으로 나타났다.

한편 자기 통제는 자기효능감^{Self-efficacy} 및 긍정적인 정서를 지니도록
하는 데 도움이 된다. 여기서 '자기효능감'이란, 자신이 어떤 일을 성공
적으로 수행할 수 있는 능력이 있다고 믿는 기대와 신념을 말한다. 그러
므로 꿈을 이루고 싶다면, 무엇보다 비교적 실행할 수 있는 꿈을 설정하
는 게 좋다. 그리고 진척 상황까지 꾸준히 모니터링하면 꿈에 더 가깝게
다가갈 수 있다.

최고의 추진제이며, 이 같은 마음가짐을 견지한다면, 늦게 포부를 정해도 나쁜 건 아니라고 했다.

과정에서 얻게 되는 이상야릇한 묘미를 느껴라

앞서 우리는 포부와 꿈에 대해 알아보았다. 그런데 삶에서 가장 중요한 게 과연 자신의 포부를 완성하고 자신의 꿈을 이루는 것일까? 이 질문에 대한 답은 그리 간단치 않다.

우리는 가끔 반드시 끝내야 할 만큼 무척이나 중요해 보이는 일과 마주칠 때가 있다. 그런데 그 일을 완수하고 나면 이상하게도 공허함과 적막감이 밀려든다. 대체 왜 그런 걸까? 그건 막상 일을 진행하고 보니 자신이 예상했던 것과 달라서일 수도 있고, 잠시 삶의 방향을 잃어서일 수도 있다. 하지만 나는 주요 원인은 다른 데 있다고 본다. 바로 일을 시작해서 끝낼 때까지 핵심을 놓치고 있기 때문이다.

일을 하다 보면 영감을 얻는 경우가 있는데, 사실 이 점이 결과를 내는 것보다 훨씬 중요하다. 그런데 우리는 과정 속에 담긴 묘미를 음미하는 건 잊고 최종 성과를 내는 데만 몰두한다. 다시 말해, 삶에서 제일 중요한 일은 어쩌면 구체적으로 어떤 성취를 이루는 게 아니라 시시각각 삶의 아름다움을 느끼고 향유하는 것이라고 볼 수 있다.

그런데 이 정도로 여유를 갖는 건 절대 쉬운 일이 아니다. 특히나 자신을 스스로 책임져야 하는 성인의 경우는 더욱 그렇다. 직업을 갖지 않으면 수입이 없으니 월세를 낼 수도, 친구와 즐겁게 외식을 할 수도 없다. 물론 영화 관람, 여행 등등도 불가능하다. 더군다나 미래의 특별한 계획이나 목표도 없이 이런저런 경험만 하며 즐기는 삶을 추구한다면, 남들 눈에는 이상한 사람, 현실 감각이 없는 사람, 자신의 인생에 책임감이 없는 사람으로 비추어질 수도 있다.

하지만 관점을 바꿔 우리들의 평상시 삶을 살펴보자. 아침에 눈을 뜨면 출근하고 퇴근하고 귀가해서는 쓰러져 자는 생활을 반복하느라 주머니는 두둑해졌을지 몰라도 정작 차분히 독서를 하거나 밥을 먹는 여유는 없을 것이다. 일이 너무 바빠 밥도 씹는 둥 마는 둥 허겁지겁 삼켜야 하고 퇴근 후에는 곧장 휴대폰이나 들여다보다 잠들 것이다. 과연 이런 삶이 정말로 더 좋다고 할 수 있을까?

모 심리학 연구에서 20~80세를 대상으로 '생명 가치의 추구'에 관해 조사해 보니, 60세가 관건인 것으로 나타났다. 60세가 될 때 자신의 진정한 존재 가치를 가장 명확하게 깨닫게 된다는 것이다. 그리고 이보다 더 높거나 낮은 연령에서는 계속해서 자신의 존재 가치를 찾으려 했다. 이처럼 삶에서 가치를 찾는 건 연속적으로 진행되는 과정이다. 그러므로 일정 시기마다 자신의 상태를 살피고 조절함으로써 인생 여정에서 길을 잃지 말아야 한다.

삶을 통찰하는 찰나의 생각

동양 문화권에서는 부모가 바라는 대로 올바른 길을 가는 것이 자신의 꿈을 이루는 것보다 긍정적으로 여기는 듯하다. 그리고 이런 환경에 장기간 노출되어 있다 보니, 우리는 꿈을 꾸지만 그 꿈을 이룰 능력과 의지조차 잃어버리는 것만 같다. 이렇게 자신이 무엇을 위해, 어떤 목표를 향해 달려가며 살고 있는지 모른다면, 좌절했을 때 필시 쉬이 동력을 잃어버릴 것이다. 반면에 자신이 무엇을 하고 싶은지 안다면, 제아무리 힘든 고난과 도전에 직면해도 정체된 채로 있지는 않을 것이다.

자신이 어떤 포부를 품고 있는지 안다는 건 쉽지 않은 일이다. 하지만 초반부터 목표를 명확히 정할 필요는 없으며, 우선은 대략적인 방향을 잡는 것부터 시작하면 된다. 그리고 부단히 직접 부딪치고 수정하며 차근차근 자신의 포부를 찾아가면 된다.

✦ 한밤의 조언

잠시 꿈을 이룰 수 없는 사람은 될지언정, 꿈이 없는 사람은 되지 말자.

나 그대로의 나 vs.
사회적 기대에 부합하는 나

졸업시즌이 다가오면 학생들은 불확실한 미래 앞에서 고민이 깊어진다. 하지만 일찌감치 자신이 나아갈 방향을 정해 놓은 이들도 있고, 몇몇은 대학원에 들어가 계속 공부할 것처럼 보이지만 자신이 대체 무엇을 공부하고 싶은지 갈피를 잡지 못하기도 한다. 그리고 대학원 진학도, 취업도 불확실한 학생들은 졸업까지 늦추며 진로에 대한 고민에 빠지는 것이다.

내가 졸업을 앞두고 있었던 예전의 시간을 돌이켜 보니 나 역시 그들과 마찬가지로 적잖이 발버둥을 쳤었다. 그때 아버지께서 나에게 물어보셨다.

"대학 졸업 후 뭘 할 생각이니?"

순간 당황스러웠다. 대학 시절의 나는 성적도 좋지 못했을뿐더러 학과 공부에도 별 흥미가 없었다. 그래서 졸업이 코앞이었지만 전공을 살려 직업을 찾을 여건도 안 되었고 대학원을 들어가는 것도 무리였다. 하지만 대학 3학년 때 이미 심리학 쪽으로 나아가고 싶다는 확신 같은 게 있었다. 그리고 당시의 내가 이해한 바로는 나 같은 문외한은 적어도 석사 정도의 과정은 마쳐야 심리학 분야에 발을 들일 수 있을 것 같았다. 물론 석사 과정을 마치고 난 후 무엇을 해야 할지에 대해서는 별도로 생각해 보지 않았다. 그런데도 나는 아버지의 물음에 다음과 같이 대답했다.

"단기적인 목표는 대학원에 들어가 심리학을 공부하는 거예요. 그리고 장기적인 목표는 박사 과정을 밟고 대학교수가 되는 거겠죠."

당시에 이처럼 말할 수 있었던 건 다른 생각 자체가 없어서였다. 단순히 박사학위를 따야 대학교수가 될 수 있다고 생각한 것이 전부였다. 그때를 돌이켜 보니, 당시 내 계획은 표면적으로는 자기가 하고 싶은 일을 하려는 것처럼 보였다. 하지만 실상은 사회적 역할이라는 시나리오에 따라 내가 해야 할 일을 찾은 것뿐이었다.

이처럼 부모님의 제안으로 대학원을 입학하든, 가업을 잇든 이 역시 모두 과거의 나처럼 주변에서 기대하는 사회적 역할에 부응해 내린 결정에 불과하다고 할 수 있을 것이다.

나 자신으로 살지, 사회에 부응하며 살지 자신의 생각부터 정해라

우리는 서양 문화권의 사람들은 제 본연의 모습대로 살며 사

🔍 더 쓸모 있는 심리학 연구

나는 사회적으로 어떤 역할을 해야 하는가?

사회적 역할 이론의 개념은 대략 1920년대에 공식적으로 제기되었고 조지 허버트 미드George Herbert Mead가 내놓은 몇몇 이론이 이 이론의 전신으로 여겨지고 있다. 사회심리학자들은 인류의 사회적 역할을 다음의 기준에 따라 나누었다.

첫째, 기능이다. 이는 주류에 속하는 구분법이다. 사람을 기능에 따라 분류할 수 있는데, 사회에 다양한 직업 구분법이 있는 것과 마찬가지로 보면 된다.

둘째, 상징적인 상호작용 패턴에 의한 분류 방법이다. 예를 들어 당신이 누군가의 좋은 친구이자 아들이라는 역할을 맡고 있는데, 친구 또는 아들로서 어떤 역할을 해야 하는지는 상황 및 상대와의 관계에 따라 일종의 동태적 균형을 보인다.

셋째, 엄격히 말해 분류 방식은 아니지만, 사람은 왜 어떤 역할을 하게 되는가에 관해 탐구해 본 것이다. 여기에서는 사람은 타인을 모방하려 하거나, 역할에 기대를 걸고 있거나, 또는 자신 스스로 어떤 역할을 하려 한다고 여긴다.

회로부터 구속당하지 않는다고 생각한다. 하지만 이는 오해다. 서양 문화권이 더 포용적이어서 훨씬 다양한 사회적 역할을 받아들이고 있어 그렇게 보일 뿐이다. 내가 유학했던 10년 전 영국만 봐도 성별 표시란에는 남성 또는 여성만 있는 게 아니라 그보다 더 다양한 선택지가 있었다. 이렇듯 그들은 포용성을 갖고 더 다양한 역할을 받아들였다. 하지만 동시에 매 역할을 어찌 수행해야 하는지와 관련해서는 대단히 엄격한 규범을 갖고 있다.

영국 유학을 할 당시 학과에서는 비밀 유지에 관한 동의서를 작성해야만 했다. 내키지 않았지만 응하지 않으면 안 되었기에 동의할 수밖에 없었다. 이 일로 내심 기분이 언짢아 있는데 학과 친구가 영국인은 각자의 본분에 따라 일하고, 제 역할을 넘어서는 일은 하지 않는다고 이야기해주었다. 시간이 지나 이런 사회적인 분위기에 익숙해지자 나는 맺고 끊는 게 확실한 영국인들의 스타일이 정 없는 이기적인 행동이라기보다는 한 사람 한 사람의 역할을 존중해주는 배려라는 생각이 들었다. 예를 들면 영국에서는 어떤 일에 엄연히 책임자가 있는데 그 책임자가 권한을 위임하지 않은 상태에서 자리를 비웠다면, 책임자가 나타나야지만 일을 처리할지 결정할 수 있었다.

그러므로 본연의 자신과 사회적 기대에 맞춘 자신 사이에서 어느 쪽이 될지 결정하기 전에 진지하게 생각부터 해 보자. 자신이 사회적 기대에 부응하는 사람보다 주체적으로 나 자신의 삶을 살고 싶은지, 아니면 단지 사회에서 기대하는 역할이 되고 싶은 건지 말이다.

이해를 돕기 위해, 자신이 열정적으로 일하는 여성이 되고 싶어 한다고 가정해 보자. 그런데 하필이면 사회가 열정적으로 일하는 여성이라는 역할에 포용적이지 않다. 그렇다면 본연의 내가 되는 것이 맞는지, 아니면 그저 사회에 부응하는 내가 되어야 하는지 갈등에 빠질 수밖에 없지 않겠는가.

선택을 했다면 책임지는 일만 남았다

대학에서 생명과학을 전공할 때 학과 실험 실습 대부분은 미세한 세포와 DNA 등을 관찰하는 것이었다. 나는 그러한 실습이 마음에 들지 않았다. 그렇게 억지로 1년을 보내고 나니 이러한 연구 수업은 더 이상 하기 싫다는 생각이 들었다. 그래서 이런 수업 말고 다른 유형의 실험 실습수업도 진행해 달라고 학과에 요청하기도 했다.

반면 좋아하는 일에는 누구보다도 열성적이었다. 나는 영화 감상을 무척 좋아해서 대학 때 영화 관련 분야로 나아갈 방법을 모색하기도 했다. 한번은 영화사 소속이 되어 교내에 영화 포스터를 붙이거나 학생들에게 영화표를 판매했던 적도 있었다.

학부생 시절을 돌이켜 보면, 나는 다른 사람의 시선을 크게 신경 쓰지 않고 내가 하고 싶은 일만 했던 것 같다. 물론 타인에게는 아무런 위해를 가하지 않는다는 전제하에서 모든 행동을 했기 때문에 거리낌 같은 건 없었다. 지금도 대학에서 학생들을 가르치면서, 동시에 사회가 대학교수에게 거는 기대감과는 거리가 먼 일들을 하고 있다. 그건 어쩌면 대학이 거는 기대에는 못 미치는 행동이라 할 수 있다. 대학에서는 열심히 연구하고 논문도 여러 편 쓰는 교수를 원한다. 하지만 나는 대학에서 학생들을 가르치는 자의 임무는 지식을 널리 전파하는 것이라고 생각한다. 그 대상이 학생이든 사회 대중이든 막론하고 말이다.

그래서 나는 많은 시간과 정력을 들여 지식을 널리 전파하는 데 쏟았다. 그런데 그렇게 해서 적잖은 수확을 거두어들였음에도 어딘지 모르게 허전했다. '내가 사회에서 기대하는 역할을 제대로 하지 않아 그 역할을 통해 받는 보상은 이루어지지 못하고 있구나.'라는 아쉬움 같은 것이 일었다. 만약 그동안 착실히 연구했으면 꽤 훌륭한 논문을 발표했을 것이고, 그 덕분에 연구비도 넉넉히 들어오고 상도 받는 등의 부차적인 보상이 따라왔을 것이다.

본연의 자신이 되려면 많은 대가를 치러야 한다. 그런데 본연의 내가 되고 싶어 하는 사람들 중에는 단지 현 상황에 대한 불만에서 비롯된 것일 뿐 자신의 결정을 명확히 알고 그러는 건 아닌 경우가 많다. 자신이 무엇을 원하는지 아직 정확히 모르는 상황일 때, 사회가 기대하는 역할을 하면서 동시에 자신이 원하는 역할을 실행할 방법을 생각해 보자. 그래야 본연의 자신이 되는 기분을 제대로 만끽할 수 있다.

한동안은 두 가지 역할을 병행하는 게 좋다. 그러다 자신이 정말로 좋아하는 일을 찾은 것 같다면, 그리고 방향 전환을 할 수 있을 만큼 능력도 충분히 갖추었다면, 그때는 사회가 기대하는 역할을 과감히 잘라버리면 된다.

✦ 한밤의 조언

사회가 진보하려면 사람들이 저마다 본연의 자신이 되는 것보다, 서로가 서로에게 기대한 것을 만족시킬 수 있어야 한다.

화려함을 택할 것인가, 아니면 수수함을 택할 것인가?

　요즘은 사람들이 갈수록 찰나의 즐거움을 중시하는 경향을 보인다. 마치 그 짧은 쾌락을 추구해야 후회 없는 삶을 살기라도 하는 것처럼 말이다. 그런데 문제는 화려하고 신기한 것을 좇는 동안 그로 인해 어떤 대가를 치르고, 또 어떤 결과를 감당하게 될지는 깊이 생각해 보지 않는 것 같다. 왜 화려하고 신기한 것에 끌리며, 화려한 것과 수수한 것 사이에서 나는 무엇을 선택해야 할까?

독특한 경험일지라도 그게 득이 될지는 확실치 않다

　모든 사람이 멋지고 아름다운 것에 끌린다. 여러 이유가 있겠지만, 우선은 상품이 정말 훌륭해서일 것이다. 그리고 희귀한 물건은 소유한 것만으로도 이상하게 우월감 같은 게 생기지 않던가. 소비심리학에 관한 여러 연구를 통해서도 드러났듯이 '한정판'이란 라벨이 붙으면 사람들은 더 열광한다. 심지어 자신에게 꼭 필요한 것이 아닌데도 '한정판'이란 이유 때문에 갖고 싶어 한다.

그런데 우리는 가끔 자신이 멋지고 훌륭한 무언가를 좇고 있는데, 그게 정말 그럴만해서 원하는 건지 정확히 알지 못할 때가 많다. 이런 경우는 남이 좋다고 하니까 나도 경험해 보고 싶다는 충동이 일어서일 수 있다.

미국에서 거주(2008년도)할 때 어느 해, 아내와 함께 새해맞이를 남들처럼 타임스퀘어 광장에서 맞이해야겠다고 생각했다. 그런데 사실 나는 타임스퀘어 광장에서 새해를 맞는 게 뭐가 좋은 건지 잘 몰랐다. 딱히 매력적이지 않다고 생각하면서도 여하튼 우리 부부는 저녁 8시 즈음 뉴욕에 도착했다. 아내는 시간이 많이 늦었다고 생각했는지, 타임스퀘어 광장에 어떤 볼거리가 있는지 살펴보더니 갈지 말지를 따져보기 시작했다. 인터넷 검색을 해 보니 카운트다운을 할 때 크리스털 볼을 떨어뜨리는 퍼포먼스가 있었다. 아내는 행사에 관한 내용을 살펴보더니 가지 말자며 단호히 결정을 내렸다. 날씨가 너무 추우니 차라리 호텔 방에서 쉬며 방송으로 보는 편이 더 낫겠다고 판단했다. 새해 카운트다운이 시작될 무렵부터는 텔레비전 채널을 고정해 놓고 생방송으로 행사를 시청했다. 그런데 아무리 봐도 크리스털 볼 같은 건 보이지 않았다. 현장에서 농구공보다 더 작은 공을 높은 곳에서 떨어뜨렸던 게 행사의 전부였다.

　하버드 대학교 길보 교수가 실시한 몇몇 연구를 보면, 멋진 경험을 한 사람 중에는 긍정적인 영향보다 부정적인 영향을 더 크게 받는 것으로 나타났다. 길보 교수는 피실험자를 세 사람씩 한 그룹으로 묶어 실험을 진행했다. 같은 그룹의 세 사람에게 따로 영화를 시청하게 하되 한 명에게만 다른 영화를 보게 하고, 같은 영화를 본 두 사람 중 한 사람에게만 실험 후반에 그룹 내 다른 사람들에게 자신이 본 영화 내용을 말할 수 있도록 했다. 다시 말해, 세 사람에게 다음과 같은 각각의 역할이 부여된 것이다.

　첫 번째 사람, A라는 영화를 보고 나머지 두 명에게 영화 줄거리를 공유한다.
　두 번째 사람, A라는 영화를 보고 첫 번째 사람이 이야기해주는 영화 줄거리를 듣기만 한다.

세 번째 사람, B라는 영화를 보고 첫 번째 사람이 공유한 A라는 영화의 내용을 듣기만 한다.

그 결과, 두 번째 사람은 줄거리를 공유해준 첫 번째 사람과 같은 영화를 보았지만, 그가 내용을 공유해주어 나름 기분이 좋았다고 했다. 이는 어느 면에서는 다른 사람과 같은 경험을 공유했기 때문에 나타나는 반응일 수 있다. 길보 교수는 사람이 '익숙한 이야기를 듣는 동안에는 인지자원Cognitive Resource을 비교적 적게 소모하기 때문에 비교적 유쾌한 느낌을 받는 것'으로 판단했다. 인지자원이란 '주의와 집중 등 뇌가 활동할 때 사용하는 리소스'를 이른다.

이 연구를 통해 알게 된 또 다른 재밌는 사실은 영화 줄거리를 공유해준 사람에게 같은 영화를 본 사람과 다른 영화를 본 사람 중 그의 이야기를 듣고 누가 더 재밌어할지 예측해 보라고 하자, 대부분은 다른 영화를 본 사람이라고 생각했는데 이는 오판이었다.

하지만 이와 같은 실험 결과가 있다고 해서 다른 경험 같은 건 꿈도 꾸지 말고 평범한 나날을 사는 편이 낫겠노라는 성급한 결론은 내리지 말자. 미국 코넬 대학교에서 진행한 연구에서는 낯선 사람이 자신만의 독특한 경험을 공유해주면 평범한 경험을 공유했을 때보다 친밀도가 촉진된다는 연구 경험도 있었다.

어떤 모임에 참석했을 때, 모두 자신만의 독특한 음식 경험에 대해 공유하게 되었는데, 나는 교토 여행에서 미슐랭 가이드에 오른 셰프가 운영하는 디저트 가게의 색다른 음식에 대해서 이야기했다. 그러자 회원 중 한 명이 같은 디저트 가게에 가봤다고 맞장구쳤고, 그 일을 계기로 우리 둘은 급속도로 친해졌었다.

순간의 찬란함을 좇는 데 얼마만큼의 에너지를 쏟아야 할까?

멋지고 화려한 것을 얻기 위해 대체 얼마만큼의 대가를 지불해야 할까?

첫째, 화려하고 아름다운 것이 생각만큼 훌륭할 거라고 여기면 매우 값비싼 대가를 치를 수도 있다. 캘리포니아에 위치한 스탠퍼드 대학교의 공과대학 연구팀은 실험 참가자들에게 동일한 포도주를 마시게 한 상태에서 실험을 진행했다.

참가자 절반에게는 저렴한 포도주를 주었다고 말하고, 나머지 절반에게는 한정판 포도주를 주었다고 말했다. 눈으로 봐서는 똑같은 포도주였지만, 자신이 한정판 포도주를 마신 줄 알고 있던 참가자는 포도주가 입에 너무 잘 맞는다고 느꼈다. 게다가 뇌 스캔 결과에서도 한정판을 마신 줄 알았던 사람들의 기분이 더 활성화된 것으로 나타났다. 정말 놀라운 결과가 아닐 수 없다.

멋지고 아름다운 것에 끌리는 대뇌의 취향

멋지고 아름다운 것에 끌리는 이유는 대개 신비한 매력으로 다가오기 때문이다. 이것을 대뇌 작용이라는 관점에서 살펴보면 확실히 일리가 있다.

사람의 대뇌는 에너지 절약에 능숙한 신체 기관이다. 그래서 이미 알고 있는 것으로 판단하면 기존의 처리 시스템으로 처리한다. 즉, 이미 알고 있는 게 반복적으로 나타나면 대뇌 반응이 갈수록 약해지는 것이다. 이와 반대로 대뇌가 신기하다고 판단한 것에 대해서는 유독 더 활발히 반응한다. 그것이 자신에게 득이 될지 독이 될지 판별하려 하기 때문이다. 그런데 이와는 별개로 성격 때문에 유난히 더 새로운 걸 원하고 그것에 몰두하는 경향의 사람도 있다.

같은 물건인데 더 좋은 것이란 기대감만으로도 그 물건이 더 좋게 느껴질 수 있고, 그로 인해 높은 비용도 기꺼이 부담할 수 있으니 말이다.

둘째, 많은 비용을 투입하기 전에 그것을 통한 체험이 얼마나 지속될지 제대로 따져봐야 한다. 일단 찬물부터 끼얹고 보자면, 아무리 멋진 체험일지라도 언젠가는 감흥이 없는 상태가 된다. 심리학에 '평균 회귀Regression to the mean'라는 개념이 있다. 사람의 행위는 평균에 가까워지려는 경향이 있다는 의미다. 그래서 처음에 안 좋은 결과를 얻으면 다음에는 높은 확률로 더 좋은 결과를 낼 수 있으며, 이로써 결과는 평균을 향해 간다. 이와 반대로, 초반에 걸출한 결과를 내면 다음에는 높은 확률로 퇴보된 결과를 내놓을 수 있으며, 이때도 마찬가지로 결과는 평균을 향해 간다. 다시 말해, 웅장하고 멋지고 아름다운 경험을 하고 나면 그다음부터는 감동이 덜할 확률이 꽤 높아진다.

삶을 통찰하는 찰나의 생각

평탄하고 굴곡 없는 삶을 사는 사람은 종종 박진감 넘치는 인생을 선망한다. 그런데 재밌고도 화려한 삶을 사는 사람은 도리어 담담한 삶을 살고 싶어 한다. 갖지 못하는 건 언제나 매력적이기 때문이다.

담담한 삶이든, 파란만장한 삶이든 다 장단점이 있다. 그러므로 어느 쪽을 선택하든 그로 인한 득실을 꼼꼼히 따져보아야 한다. 지금 당장 매력적으로 보인다고 해서 주저 없이 선택하면 후회할 가능성만 높아질 뿐이다.

✦ 한밤의 조언

'순간이 곧 영원'이란 말보다는, '현재에 충실하라'는 말을 더 신뢰한다.

말의 음모론

만약 초대받은 장소에 가보니 거기엔 내가 좋아하는 음식이 차려져 있고, 또 원하는 만큼 마음껏 먹을 수 있게 되어 있다. 누가 봐도 행복한 일인데 나는 기분 좋게 즐길 수 있을까?

이런 상황에서는 다소 마음이 복잡해질 수 있다. 무턱대고 먹다 보면 다이어트도 걱정되고, 왜 나에게 이렇게 푸짐한 식사 대접을 하는 것인지, 나도 똑같은 대접을 해줘야 하는 건 아닌지 초대한 사람의 취향에 맞춰서 대접을 할 수 있을지 걱정이 앞서기도 한다. 우리는 행복한 순간에도 이면에는 불안의 감정도 동시에 느낀다.

자신을 행복하고 즐겁게 해주는 일도 때로는 괴로움을 줄 수 있다. 이와 마찬가지로 고통을 주는 일이 때로는 행복하고 즐겁게 해줄 수도 있는 것이다. 그렇기 때문에 사람들은 마냥 행복한 일이 무엇인지 알면서도 고통스러운 일을 택하고, 또 그 고통을 참아내려 하는 것이다. 감내하는 그 고통이 결국 우리에게 즐거움과 행복을 가져다줄 것을 잘 알고 있기 때문이다. 그래서 겉으로 보기에는 고통을 추구하는 것처럼 보이지만 사실상 **고통은 우리가 행복과 즐거움을 추구하는 과정에서 나온 부산물일 뿐이다.**

대학 입시에서 좋은 성적을 거두기 위해 힘들어도 공부를 하는 게 다 이런 이유다. 즐겁고 신나는 일이 주변에 넘쳐남에도 불구하고 책에 머리를 파묻고 사는 것은 이를 좋아해서가 아니라 명문 학교에 입학하면 성공에 더 가까워질 수 있다는 걸 알기 때문이다. 직장인들이 밤늦은 시간까지 야근을 기꺼이 참아내는 것도 같은 이유에서다.

인간관계에서도 기꺼이 스트레스를 참아낸다. 기분이 상하는 일이 생겨도 그냥 넘어가는 편을 택한다. 상대방을 향한 불만이 커져 급기야는 인간관계를 끊어버리는 일이 발생할 수도 있지만 그럴 경우 오히려 불이익을 당할 것 같아 참는다. 결국 자신은 온갖 부정적인 감정들에 휩싸여 스트레스를 받게 되는데도 말이다.

하지만 이처럼 원만한 인간관계라는 행복한 목표를 위해 노력했는데 도리어 온갖 스트레스라는 고통만 따라온다면, 즐거움과 고통을 대하는 방식을 바꿔야 한다. 언짢은 일이 생기면 어떻게든 상대방과 소통할 방법을 찾아야 한다. 소통하는 과정에서 쌍방 간에 언쟁이 오가 괴로울 수도 있겠지만, 그래야 서로 상대방이 어떤 일로 불만이 생겼는지 알게 되고 갈등을 해소할 수 있는 것이다. 그런데 만약 이 일로 오히려 절교했다고 해도, 꼭 나쁜 일만은 아니다. 살면서 맞지 않는 사람과 괜한 신경전을 벌일 필

⚡️ 더 쓸모 있는 심리학 연구

만족지연 delay gratification

'만족지연'이란, 일을 마친 후 곧바로 보상을 받는 게 아니라 일정 시간이 지난 후 대가를 받는 것을 말한다. 만족지연은 우선은 자신이 한 일을 기억할 수 있어야 하며, 기억해둔 것과 자신에게 만족감을 줄 결과를 서로 연관 지을 줄 알아야 한다. 따라서 만족지연 연구를 통합하고 분석해 본 결과, 이 행위는 아이큐와 비례하는 것으로 나타났다.

아이큐가 높은 사람일수록 지연되는 보상을 기다리는 편이다. 하지만 여기서 한 가지 분명히 짚고 넘어가야 할 게 있다. 만족지연을 하지 못하는 사람이라고 해서 아이큐가 무조건 낮은 건 아니다. 사람의 만족지연 행위에 영향을 주는 요인은 다양하기 때문이다.

요가 없기 때문이다. 그러므로 사람은 일부러 고통을 추구하는
게 아니며, 고통은 단순히 거치는 과정인 것이다.

언제 나타날지 모르는 빛을 보기 위해 무기한으로 고통을 참아야 할까?

우리가 기꺼이 고통을 감수하는 이유는 나중에 맛볼 행복과
즐거움 때문이라고 했다. 그렇다고 맨 마지막에 찾아올 행복과
즐거움을 위해 무한정 고통을 참아야 한다는 의미는 아니다. 동
양 문화권에서는 고생은 사서도 한다고 독려하며, 즐거움이니
유쾌함 같은 건 쾌락으로 보고 그다지 중요하게 여기지 않는다.
그리곤 쾌락을 추구하면 결국에는 좋지 않은 상황에 부딪히고,
고생하고 나면 달콤한 과실이 따라온다는 말을 덧붙인다.

하지만 나는 무언가를 고생스럽게 참아내는 방식엔 회의적인
입장이다. 심지어는 이 같은 격언은 모두가 기꺼이 일의 노예가
되도록 만들기 위한 일종의 음모로 본다.

내 친구 H는 모 기업에서 십 년 동안 근무했다. 그런데 나름
연차가 쌓인데 반해 그리 직급이 높지 않았고, 업무 평가가 다가
올 때면 상사로부터 이러이러한 일을 해내야 승진할 수 있다는
말을 누차 들어야만 했다. 하지만 상사의 말대로 열심히 따랐음
에도 승진자 명단이 발표될 때면 그의 이름은 늘 누락되어 있었

다. 승진에서 처음 탈락했을 때는 자신의 노력이 부족했기 때문일 것이라며 자책했다. 그러다가 자신보다 늦게 입사하고 노력도 덜 한 것 같은 동료가 승진하는 것을 본 후로는 승진에 대한 미련을 버렸다. 이후 그 친구는 십 년이란 경력을 이용해 다른 기업의 팀장 자리로 이직했고 수입도 이전 회사보다 두 배는 올랐다.

노력과 결과물이 늘 비례하는 건 아니다. 그러므로 **여러 차례 시뮬레이션을 돌려봄으로써 다수의 가능성을 생각해 두어야 한다. 노력하면 언젠가는 원하던 걸 얻을 수 있다고 자기 최면만 걸 게 아니라, 아무리 노력해도 원하는 바가 나오지 않는다면 차라리 다른 방법을 모색해 봐야 한다.**

업무를 평가할 때도 자신이 그 일을 하는 동안 희생해야 하는 것이 없는지 잘 생각해 보자. 자식이든, 연로하신 부모님이든 가족과 함께 있어 주지 못한 시간은 어떻게 해서도 메울 수 없다. 어린 자식은 자라면 부모 곁을 떠나기 마련이고, 나이 지긋하신 부모님도 건강 상태가 하루가 다르게 나빠져 함께할 시간이 그만큼 줄어든다.

즐겁고 행복한 걸 좇지 않으면 고통받을 일도 그만큼 사라질까? 정말 유감스럽게도 절대 그렇지 않다. 살다 보면 의외의 일을 겪을 때가 많다. 이럴 때는 단순히 고통과 접촉하지 않도록 회피하는 것 외에도 그러한 상황이 발생하면 대응할 줄 알아야 한다.

이를 위해 제일 중요한 요소는 마음가짐이다. 코로나 팬데믹 시기를 자신에게 찾아온 전환기라고 여겨보면 어떨까? 실업을 핑계로 배우고 싶었지만 시간상 그러지 못했던 걸 배워 보는 것이다. 그러면 새로운 분야에서 일하게 될 수도 있고, 그 분야에서 괜찮은 성과를 거둘 수도 있다. 갑작스럽게 찾아온 고통이 오히려 성장의 양분이 될 수 있는 것이다. 예상 밖의 고통이 찾아왔다고 해서 비뚤어진 방식으로 맞서기보다는 오히려 그것을 기회로 삼아보자.

✦ 한밤의 조언

모든 고통이 자신의 성장에 도움을 주는 건 아니다. 그러므로 이익이 되지 않는 고통은 피할 수 있으면 피하자.

외모지상주의가
꼭 지탄받을 일인가?

외모가 개인에게 정말로 중요하다는 사실은 나 역시 부인하지 않는다. 생판 모르는 남에게 말을 붙여 볼 때도 일단은 겉모습으로 판단한 후 결정하는 경향이 있기 때문이다.

사람의 이런 심리를 잘 보여주는 심리학 실험이 있다. 실험자는 노숙자로 분장하고 거리에 누워 쓰러진 척했다. 그리고 도와주는 사람이 나타나기까지 시간이 얼마나 걸리는지 알아보려 했다. 그런데 30분이 지나도 도와주는 사람이 없었다. 이후 실험자는 다시 정장을 입고 똑같이 거리에서 쓰러진 척했다. 그러자 얼마 지나지 않아 누군가가 다가와 그에게 어디 불편한 데가 있는지, 도움이 필요한지 물어왔다.

이 외에도 유니폼을 가지고 진행한 실험도 있다. 다큐멘터리 「100인, 인간을 말하다$^{100\ Humans}$」에서는 유니폼과 호감의 상관 관계에 대해 알아보았다. 다큐멘터리 제작자들은 연기자들에게 유니폼 또는 편안한 평상복을 입힌 후 남녀 100명과 대화를 나누도록 했고, 남녀 참가자는 연기자들과 대화한 후 그들에게 점수를 매겼다. 물론 이 실험은 참가자들이 대화를 나눈 상대가 연기자인 줄은 꿈에도 모르고 정말로 의사, 판사, 청소부인 줄 아는 상황에서 진행되었다.

결과를 보니, 의사, 판사처럼 사회적 지위가 비교적 높은 직업군의 유니폼을 입고 있을 때 사람들은 비교적 높은 점수를 주었다. 하지만 패스트푸드점 직원이나 청소부 유니폼을 입고 있는 경우에는 반대로 비교적 낮은 점수를 주었다. 이 실험은 유니폼을 입은 사람에 대해 평가할 때 유니폼이 어떤 영향을 미치는지 알아보려는 것이었지만, 다른 한편으로는 사람들이 상대방을 평가할 때 겉모습에 쉽게 좌우된다는 사실을 잘 보여주었다.

영국에서 유학할 때 어느 여성 모델을 알게 되었다. 그녀에게서 실버 모델을 하게 된 계기를 듣게 되었다.

그녀가 기분 전환 겸 크루즈 여행을 하고 있을 때였다. 그녀는 크루즈 선 안에서 우연히 의상 디자이너를 만났는데, 초면인 그에게서 뜻밖의 제안을 받았다고 한다.

"자신감 넘치는 모습이 보기 좋은데 제 옷의 모델이 되어주시겠어요?"

당시 그녀의 나이는 이미 예순이 넘은 상태였다. 그래서 그녀는 자신이 그 나이에도 의상 모델을 할 수 있다는 사실이 놀랍기도 하고 기쁘기도 했다는 것이다. 그러면서 그 일로 모델이 되어 찍게 된 사진을 보여주었는데 정말 멋진 사진이었다. 얼굴

🔅✎ 더 쓸모 있는 심리학 연구

마른 몸이 언제나 아름다운 것은 아니다

마른 몸이 아름답다는 관념은 오랜 세월 동안 사람들 뇌리에 깊이 자리를 잡고 있다. 하지만 이 같은 생각을 아예 바꿀 수 없는 건 아니다.

프랑스의 한 심리학자는 연결학습 방법으로 실험 참가자들에게 한 그룹에는 비만한 몸과 아름다움을 연결 짓게 하고, 또 다른 그룹에는 마른 몸과 아름다움을 연결 짓게 했다. 그 결과 비만한 몸과 아름다움을 서로 연결한 사람은 비만에 대한 암시적 태도가 비교적 긍정적으로 바뀐 것으로 나타났다.

이 외에도 일부 참가자는 연결학습이라는 훈련을 통해 자신의 외모에 대한 걱정이 줄어들었다. 하지만 마른 몸과 아름다움을 연결 짓게 했던 사람들은 비만에 대한 암시적 태도가 더 부정적으로 바뀌었다. 요컨대 이 같은 연구를 통해서도 알 수 있듯이, 무엇을 아름다움과 연결 짓느냐에 따라 자신의 태도도 영향을 받을 수 있다는 것이다.

의 주름을 일부러 지우거나 가리지 않았는데도 그녀의 얼굴은 빛나고 있었다. 자신에게 가장 편한 포즈로 자신감 넘치는 모습을 보였기 때문에 자신만의 매력을 최대치로 끌어올릴 수 있었던 것이다.

외모 걱정은 왜 하게 되는 걸까?

외모 강박이 나타나는 이유는 다음의 몇 가지 원인으로 살펴볼 수 있다.

먼저 진화의 산물이다. 번식을 위해 동물은 상대에게 매력적으로 보여야 한다. 동물계에서 외모 강박이 비교적 높게 나타나는 쪽은 수컷이다. 공작의 화려한 깃털이나 사슴의 멋진 뿔이 바로 그런 경우다. 그중 일부 속성은 문화를 넘어 균일하게 적용된다. 그 대표적인 예가 얼굴의 대칭성이다. 좌우가 잘 대칭된 얼굴은 신체가 건강하다는 걸 나타내는 지표로 인식된다. 이에 사람은 얼굴이 대칭인 대상을 찾고자 하는 내적 욕구가 존재한다. 또한 음성 역시 이성에게 매력을 드러내는 요소 중 하나이다. 남성은 음성이 비교적 가늘고 고음인 여성을 좋아하고, 여성은 비교적 굵고 저음을 지닌 남성을 선호하는 것이다.

외모 강박의 또 다른 이유는 대개 사춘기와 관련이 있다. 사춘기에 들어선 청소년은 자기중심적이 되기 쉽다. 그래서 모두에게 주목받고 있다는 생각에 자신은 모든 면에서 특별히 관심받는 존재라고 여긴다. 특히 청소년기의 외모는 제2차 성징인 발육과 관련이 있는데, 이 시기의 청소년은 남들과 다른 걸 꺼리기 때문에 발육으로 인한 외적 변화는 쉽게 외모 강박을 불러일으킬 수 있다. 그래서 키가 남들보다 유난히 작거나, 2차 성징이 과도하게 나타나거나 또는 덜 나타나는 경우 외모 때문에 쉽게 초조해지고 걱정한다.

다행히 대다수는 나이가 들고 성인이 되면 이 같은 걱정에서 차츰 벗어난다. 하지만 인터넷의 발달로 더 많은 비교 대상을 보게 되고 특히나 외모가 뛰어난 연예인의 사진을 더 쉽게 접하게 된 요즘은 외모 강박도 자연스레 높아지고 있다.

이는 여러 연구를 통해서도 발견된 현상이다. 그중 여대생 39명을 대상으로 진행한 실험이 있다. 실험에 참여한 여대생들은 각기 다른 24개의 광고를 보았다. 광고 중 12개에서는 몸매가 뛰어난 모델이 등장하고 나머지 12개에서는 사람 모델이 등장하지 않는다. 이 실험을 진행할 때 광고 유형도 통제했는데, 24개 광고 중, 반 이상이 몸매와 관련이 있고 나머지는 아니었다.

여대생들은 광고를 볼 때마다 평가서를 작성했다. 이를테면 사람 모델이 나오면서 몸매와 관련한 광고를 본 후에는 자신의 외모에 대한 걱정 정도를 평가하는 식이었다. 결과를 보면 광고에 몸매가 좋은 사람 모델이 등장하면 여대생들의 외모 강박도 높아지는 것으로 나타났다.

외모로 인한 후광효과를 노려라

두말할 필요 없이 외모는 매력을 증대시키는 데 많은 영향을 미친다. 그래서 외모가 좋은 사람을 보면 우리는 쉽게 매료된다. 교사들 중에서도 인상이 좋은 학생이 똘똘하고 착하다고 여겨 주관적인 평가에서 그들에게 더 좋은 점수를 주기도 한다. 사회에서도 마찬가지다. 번듯하게 잘생기고 단정하고 예쁜 사람은 면접에서 쉽게 통과되며, 그 덕분에 소득 면에서도 외모가 떨어지는 사람보다 10~15% 정도 더 우위에 서기도 한다.

외모가 이렇게 폭넓게 영향을 미치는 건 헤일로 효과halo effect(후광효과) 때문이다. 헤일로 효과는 어느 대상의 특질에 대해 긍정 또는 부정적인 견해가 있을 때, 이와 같은 태도가 그 대상의 다른 방면의 특질을 평가할 때도 영향을 미치는 현상이다. 더 쉽게 말하자면, 외모가 훌륭한 사람은 매력적으로 보이기 때문에 그 사람의 능력도 덩달아 훌륭할 것으로 평가받는다는 것이다.

외모를 중시하는 게 경박하게 느껴지겠지만 첫인상으로 상대를 판단할 수밖에 없을 때가 많다. 따라서 외모 때문에 일을 그르치고 싶지 않다면, 어떻게 해야 이미지를 관리할 수 있는지 진지하게 생각해 보자. 절대 미남 미녀처럼 꾸며야 한다는 뜻은 아니다. 자신의 외모에서 장점을 돋보이게 할 방법을 찾아보란 의미다. 굳이 돈을 들여 투자하지 않아도 찡그리고 화난 얼굴, 무표정한 얼굴보다는 미소를 지으며 상대방을 지그시 바라보는 눈빛만으로도 충분히 매력을 어필할 수 있다.

✦ 한밤의 조언

지금까지 어떻게 살아왔는지가 나의 얼굴에, 눈빛에, 손짓에 드러난다. 아무리 화장으로 모난 얼굴을 덮는다고 해도 태도는 숨길 수가 없다.

나는 소확행을 좋아하는데
안 되나요?

언제부턴가 '소확행'이란 단어를 자주 듣는다. 심지어 젊은이들이 소확행을 추구하느라 노력하지 않는다는 비판의 목소리도 들려오고 있다. 소확행을 느끼는 건 마음속에 작지만 확실한 행복을 주는 게 무엇인지 자기 내면의 기준에 따른다. 무라카미 하루키는 '참을성 있게 격렬한 운동을 한 후 시원한 맥주를 들이켰을 때' 소확행을 느낀다고 했다.

그런데 내가 이해한 소확행은 삶 속에서 비교적 자그마한 행복을 느끼는 것이며, 이는 인생의 목표를 세우는 것과는 크게 관계가 없다. 그래서 나는 요즘 소확행이 오명을 뒤집어썼기 때문에 누군가가 자신은 소확행을 추구한다고 말하면 원대한 목표나 큰 포부는 없고 오로지 소소한 즐거움을 추구하는 사람 정도로 치부하는 현상이 나타난다고 생각한다.

여러분은 소확행에 대해 어떻게 생각하나요?

수업 중에 학생들에게 이런 질문을 던졌다.

"요즘 젊은 사람들이 소확행을 추구한다고 말하는데, 여러분은 동의하나요? 여러분이 생각하는 소확행은 무엇이죠?"

대다수의 학생이 소확행을 추구하지만 추구하는 바는 제각각이었다. 맛집을 검색해 줄을 서서 기다리다 테이블에 음식이 서빙되었을 때, 시험 준비를 더 이상 하지 않아도 될 때, 칭찬을 들었을 때 행복을 느낀다고 했다.

여러분도 자신이 소확행을 추구한다고 생각하는가? 그러면 무슨 이유로 소확행을 추구하는가? 사람들이 소확행을 추구하는 이유는 대략 세 가지라고 생각한다.

첫째, 자신의 능력이 소확행을 추구할 정도밖에 되지 않아서다. 내 집 마련을 위해 돈을 아껴봤자 돌아오는 건 옹색한 삶뿐이니, 과연 그럴만한 가치가 있는 건지 회의감만 든다. 삶의 질은 외면하고 온갖 고생을 하며 외진 곳에 자그마한 아파트를 마련하느니 차라리 입 호강이나 하게 맛난 걸 사 먹거나 평생 잊지 못할 추억이나 쌓는 게 낫다고 생각할 수 있다.

둘째, 크고 확실한 행복인 대확행^{大確幸}에 대해서는 모르니 소확행을 추구할 수밖에 없어서다. 이는 주로 아이와 세상 경험이 적은 사람에게서 나타나는 마음 자세다. 솔직히 말해, 나는 이런 이들은 쉽게 만족할 줄 알기 때문에 정말 행운아라고 생각한다.

셋째, 대확행을 알고 이룰 수도 있지만 스스로 소확행을 추구하는 경우다. 일부 부자들은 돈이 많다고 해서 꼭 좋은 차를 굴려야 한다고 생각하지 않는다.

작은 것에 행복해하는 것이 미래의 성공을 가로막는 일일까?

고전적인 심리학 실험인 '마시멜로 실험'에 대해 많이 들어봤을 것이다. 대개는 인내의 중요성을 강조하는 예로 인용되곤 한다. 이 실험은 스탠퍼드 대학교 미셸 교수가 1960년대에 진행한 것이다. 매우 간단한 실험이었으며 내용은 다음과 같다.

연구원들이 실험실로 데려온 유치원 아이들에게 마시멜로를 내밀며 제안한다. 잠시 밖에 나갔다 올 동안 그때까지 마시멜로를 안 먹고 기다리고 있으면 하나를 더 주겠다고 말한다.

사실 유치원 아동에게 단맛이 나는 간식은 정말 참을 수 없는 유혹이다. 그래서 적잖은 아이들이 유혹을 견뎌내지 못하고 마시멜로를 먹어 버렸다. 그래도 일부 아이들은 어떻게든 참고 기다렸다.

미쉘 교수는 훗날 이 아이들의 학업 성취도와 업무 역량 및 혼인 상태를 조사해 보았다. 그 결과 과거 마시멜로를 먹지 않고 참은 아이들은 각 방면에서 고루 우수한 모습을 보인 것으로 나타났다. 이로써 마시멜로 실험은 개인의 자제력이 얼마나 중요한지 세상에 알리는 동시에, 자제력이 강한 사람이 각 방면에서 걸출한 결과를 낳는다는 인식을 사람들에게 심어줄 수 있었다.

그렇다면 참지 못하고 마시멜로 좀 먹은 게 정말로 그렇게 큰 일 날 일일까? 다른 이유가 있어서 먹었을 수도 있지 않았을까? 입이 짧은 아이라 마시멜로를 하나만 먹는 걸 더 선호했거나, 마시멜로를 그다지 좋아하지 않아 하나 더 먹고 싶은 생각이 없었던 아이일 수도 있다.

마시멜로 연구는 훗날 빈곤한 지역에서 다시 진행되었다. 빈곤한 지역은 자원이 결핍되어 있어 이곳 아이들은 좋은 물건을 보면 절대로 그냥 지나치는 법이 없었다. 그리고 이러한 현상은 자제력과 그리 밀접한 상관관계를 지니는 게 아니었다. 또한 다른 연구에서는 아이들에게 전혀 신뢰감을 주지 못하는 사람이 실험 조건을 설명해주었고, 이때 아이들은 참지 못하고 마시멜로를 먹은 것으로 나타났다.

다시 말해, 소확행을 추구한다고 해서 능력이 좀 떨어진다거나 자제력이 낮다고 단정 지으면 안 된다. 겉으로 보이는 현상 이면에는 상당히 복잡한 사정이 숨어 있기 마련이다. 그런데도 작은 이득을 참아내고 더 크고 좋은 것을 추구하도록 독려하는 이유는, 단지 그렇게 하는 편이 사회의 선량한 풍속에 비교적

☀️ 더 쓸모 있는 심리학 연구

지연 보상 할인율 Discount rate of delayed reward

'할인율'은 금융계에서 사용하는 용어다. 미래의 현금흐름 할인을 현재 사용하는 이율에 계산해 넣는 것을 말한다. 할인율이 높을수록 현재 투입해야 하는 비용은 낮아지지만, 미래의 현금 가치는 비교적 떨어지게 된다.

이와 같은 개념이 '지연 보상'에 도입된 건 개인이 지연 보상에 대해 어떻게 평가하는지 설명하기 위해서다. 지연 보상 할인율이 높으면, 지연 보상이 비교적 낮다고 여기고 있음을 의미한다. 따라서 즉각 보상 Immediate Reward 의 확률이 높아지면 지연 보상의 확률은 낮아진다. 과거 연구를 통해서도 중독 증상이 있는 사람은 지연 보상 할인율이 비교적 높게 나타났으며, 또한 할인율과 당사자의 충동 성향은 정비례 관계를 이루는 것으로 나타났다.

부합하기 때문이다.

임무 완수의 원동력이 되는 작은 행복의 강한 힘

꼭 소확행을 추구해야 하는지에 대한 답을 알려주기 전에 멜버른 대학의 니콜 미드 교수가 진행한 연구부터 소개하겠다.

그녀는 122명 학생을 대상으로 엿새 동안 실험을 진행했다. 그 과정에서 멜버른 대학 학생들은 아침에는 자신이 하루 동안 할 일을 기록하고, 저녁에는 그날의 기분과 계획한 일을 앞당겨 완수했는지 아니면 실패했는지도 기록해야 한다. 그리고 아침·저녁으로 하는 기록 말고도 연구원들이 매일 다섯 차례 무작위 시간대에 건네는 다음과 같은 질문에도 답해야 했다.

'방금 전에 기분 좋은 일이 있었습니까, 아니면 짜증 나는 일이 있었습니까?'

그 결과 기분 좋은 일을 겪은 학생은 온종일 기분이 좋았고, 아울러 그날 계획했던 일들도 쉽게 완수하는 것은 물론 앞당겨서 끝냈다. 니콜 미드 교수는 실험 참가자 대학생들의 기분을 오르내리게 하는 일이 대체 어떤 속성을 지녔는가에 대해서 분석해 보았다.

그 결과 대개는 다른 사람과의 '상호 관계' 때문인 것으로 나타났다. 이를테면 대단히 엄청난 일이 있어서가 아니라 길에서

◆ 삶에서 진심으로 소확행을 즐기고 있고 다른 사람을 부러워하지 않는다면, 제대로 소확행을 추구하며 살고 있다고 말할 수 있다. 또한 자신이 할 수 있는 일은 열심히 하되 그 외의 것은 담담하게 대하는 사람들도 삶에서 오는 소소한 행복을 즐기며 산다고 할 수 있다. 마치 길가에 핀 자그마한 꽃을 봤을 때, 따뜻한 차를 마셨을 때, 고개를 들었는데 밝은 달이 떠 있는 걸 봤을 때 절로 기분이 좋아지는 것처럼 말이다. 중국에서는 이런 생활 태도를 일러 '불계(佛系)'라고 하는데, 이런 삶을 사는 사람들은 먹고사는 데 문제만 없으면 만족하기 때문에 소박한 삶을 어찌 사느냐고 불평 따위는 하지 않는다.

◆ 소확행을 추구하는 이유가 단지 작은 행복을 누리는 것이 좋아서가 아니라 오직 그 정도의 능력만 지니고 있기 때문이라고 생각한다면, 소확행만 찾지 말라고 조언하고 싶다. 그런 식으로 소확행을 추구하는 삶은 자신 능력의 한계치를 이미 정해 놓은 것으로 희망과 기대가 없다. 좀 심하게 말하자면, 이는 자아가 마비된 상태에서 스스로 속이고 있는 것이다.

◆ 답을 찾지 못한 채 애매모호하게 맹목적으로 소확행만 좇는다면 결국에는 모든 걸 다 잃게 될 수도 있다. 이는 진심으로 소확행을 즐기고 있는 것이 아니다. 그렇다면 소확행을 멈추고 '내가 지금 뭘 하고 있는 거지?'라며 자신에게 질문부터 던져봐야 한다. 만약 답을 찾았다면 더 노력하며 열심히 살아야 한다.

한동안 못 보던 친구와 마주쳐서, 친구와 대화를 나누었는데 간만에 마음껏 웃을 수 있어서 등이었다.

이 같은 연구 결과를 바탕으로, 나는 소확행을 추구하면 기분을 좋게 만들어주기 때문에 자신이 계획한 일을 완수하게 해주는 동력으로 작용한다고 말하고 싶다. 하지만 날마다 소소한 행복감만을 주는 작은 일에만 매달리면 나중에 아무것도 이루지 못하기 때문에 궁극적으로는 행복한 사람이 되었다고 할 수는 없다.

✦ 한밤의 조언

소확행 자체는 나쁘지 않다. 자신이 진심으로 소확행을 원한다면 말이다.

참고문헌

Section1. 나와 다른 타인의 삶과 어우르기
_ 자유롭게 살며 감정에 휘둘리지 않는 삶

· 애착유형
https://www.cambridge.org/core/journals/behavioral-and-brain-sciences/article/abs/bowlbyainsworth-attachment-theory/6D35C7A344107195D97FD7ADAE06C807
· 민감하지 않은 성격
https://doi.org/10.1002/1099-0984(200005/06)14:3%3C217::AID-PER374%3E3.0.CO;2-G
· 감정을 회피하는 게 오히려 더 좋다
https://doi.org/10.1177/1088868310395778
· 포옹이 면역력을 높인다
https://doi.org/10.1177/0956797614559284
· 친한 친구 수와 안와전전두엽피질과의 관계
https://doi.org/10.1098/rspb.2011.2574
· 코쿤족
https://doi.org/10.1186/s12888-022-04116-6
· 불평도 해야 한다
https://psycnet.apa.org/doi/10.1037/0033-2909.119.2.179
· 어떤 인격 특질을 지닌 사람이 판매자를 잘 고발할까?
http://dx.doi.org/10.1504/IJBE.2016.074793

Section2. 일터에서 마모되지 않기
_ 마음 편히 여유롭게 지내며 들들 볶이지 않는 삶

· 인지부조화와 경영
https://doi.org/10.1177/0149206316668236
· 리더십 유형과 만족도
https://ssrn.com/abstract=3197150
· 문제기반학습의 장단점
https://doi.org/10.1177/016235329702000402
· 직업에 관한 사회의 고정관념
https://doi.org/10.1177%2F09637214211013775
· 네이쥐안(內卷)은 일종의 적응을 위한 전술이다
https://doi.org/10.1080/1360080X.2022.2115332
· 내면가족체계 이론
Earley, J., & Weiss, B. (2013). Freedom from your inner critic: A self-therapy
approach. Sounds True.
· 직장 내 외로움
https://doi.org/10.5465/ambpp.2011.65869714
· 손으로 쓰는 게 컴퓨터 자판으로 치는 것보다 더 좋다
https://doi.org/10.1007/s11251-018-9458-0

Section3. 일상에서 감정에 맞춰 춤추기
_ 아름답고 원만하게, 하지만 허상에는 속지 않는 삶

· 로맨틱 코미디 영화의 부작용
https://doi.org/10.1080/03637751.2013.776697
· 부부 관계의 공평성
Hibbs, B. J., & Getzen, K. J. (2009). Try to see it my way: Being fair in love and
marriage. Penguin.
· 장거리 연애에서 더 크게 영향받는 쪽은 여성이다

https://doi.org/10.1016/j.yhbeh.2006.11.005

· 남자와 여자 중 고백을 먼저 하는 쪽은 주로 누구일까?

https://journals.sagepub.com/doi/10.1177/02654075221075264

· 대뇌는 사랑이 식었다는 사실을 미리 알고 있다

https://doi.org/10.1016/j.neulet.2012.08.004

· 자기 통제를 잘할수록 관계의 질을 높일 수 있다

https://journals.sagepub.com/doi/abs/10.1177/1948550610385710

· 결혼 생활에서 성별에 따른 행복감의 차이

https://doi.org/10.1037/fam0000913

Section4. 있는 그대로의 '나'를 바라보기
_ 타인의 기대에 휩쓸리지 않게 자아를 찾는 삶

· 유전적인 요소가 학교 교육보다 더 크게 영향을 미칠까?

https://doi.org/10.1038/s41539-018-0019-8

· 성격 안정성

https://www.ncbi.nlm.nih.gov/pmc/articles/PMC5742083/

· 포부도 있고 속도 조절도 할 수 있다면 더 쉽게 성공할 수 있다

https://doi.org/10.1080/10413209608406308

· 사회에서 계층이 영향을 미치는 범위

https://doi.org/10.1111/bjso.12251

· 특별한 경험의 비용

https://journals.sagepub.com/doi/full/10.1177/0956797614551372

· 만족지연

https://doi.org/10.1016/j.intell.2007.09.004

· 마른 정도와 아름다움의 연관성은 언제든 바꿀 수 있다

http://doi.org/10.5334/irsp.442

· 지연 보상 할인율

https://psycnet.apa.org/doi/10.1037/0096-3445.128.1.78

다른 누군가의 길을 밝혀주기 위해
등불을 켜면 결국 자신의 길도 밝히는 것이 된다.

벤 스위트랜드

다른 사람의 말을 신중하게 듣는 습관을 길러라.
그리고 될 수 있는 한, 말하는 사람의 마음속으로 빠져들도록 하라.
마르쿠스 아우렐리우스

무지한 사람일수록 남을 경멸한다.
지혜가 있는 사람은 포용력이 있는 법이다.

필릭스 레크에어

자기 자신을 위해 하는 일은 죽음과 함께 소멸한다.
하지만 타인과 세상을 위해서 하는 일은 영원히 남는다.

앨버트 파이크

커뮤니케이션 능력은 타고 나는 것이 아니라
훈련으로 습득된다.

콘돌리자 라이스